W0090340

Mai`s Städteführer Nr. 4

Mai`s Städteführer Nr. 4

Lyon

von Irmgard Palladino

2., neubearbeitete und erweiterte Auflage
mit 42 Fotos und Illustrationen,
11 Farbfotos sowie 4 Karten und Plänen

Mai`s Reiseführer Verlag   Buchschlag bei Frankfurt

Fotos: Marie-Luise Schmidt di Simoni, Dreieich (Titelbild, 21, 30, 37, 41, 44, 45, 46, 47, 51, 59, 60, 61, 63, 64, 66, 67, 68, 70, 74, 79, 85, 93, 115, 131), Irmgard Palladino, Rom (82, 126). Alle übrigen Fotos und Abbildungsvorlagen wurden uns freundlicherweise vom Office du Tourisme in Lyon zur Verfügung gestellt.

Verlag und Verfasserin sind für Verbesserungsvorschläge und ergänzende Anregungen jederzeit dankbar.

Die Deutsche Bibliothek – CIP-Einheitsaufnahme

Palladino, Irmgard:
Lyon / von Irmgard Palladino. –
2., neubearb. u. erw. Aufl. – Buchschlag bei Frankfurt:
Mai`s Reiseführer Verlag
(Mai`s Städteführer; Nr. 4)
ISBN 3-87936-187-8
NE: GT
Vw: Köhler, Irmgard (Früherer Name) – Palladino, Irmgard

2., neubearbeitete und erweiterte Auflage   *Datum ?*

Anschrift: Mai`s Reiseführer Verlag, Quellenweg 10, D-63303 Dreieich
Umschlagentwurf: Ingo Schmidt di Simoni, Dreieich
Stadtplan: Gert Oberländer, München
Texterfassung: Rosemarie Schmidt

Printed in Germany

ISBN 3-87936-187-8

Inhalt

Warum Lyon?   7

Lyons Geschichte   13

Sechs Lyoner Rundgänge
1. Rundgang: Vieux Lyon – ein Freilichtmuseum der Renaissance   31
2. Rundgang: Auf den Hügel von Fourvière   43
3. Rundgang: Das Weberviertel Croix-Rousse – Lyon à part   50
4. Rundgang: Lyons Geschäfts- und Einkaufsviertel   56
5. Rundgang: Ainay – der Vorort im Zentrum Lyons   69
6. Rundgang: Das neue Lyon – die Viertel Brotteaux und Part-Dieu   76

Lyon sur place
von Auditorium Maurice-Ravel bis Villeurbanne   83

Lyon en face
von Pierre Bertaux bis Pierre Valdo   119

Lyoner Besonderheiten
Das Lyoner Boulesspiel   125
Die Lyoner Gastronomie   127
Das Lyoner Marionettentheater   135
Die Lyoner Traboules   135
Die Lyoner Wahlverwandschaft   138

Lyon von A bis Z   142

Zitate   155

Bibliographie   158

Register   167

Lyon, Metropole aus 55 Gemeinden in der Rhone-Region, die sich 1969 zur Communauté Urbaine de Lyon (Courly) zusammengeschlossen, umfaßt im Stadtkern neun Arrondissements, in denen 418476 Menschen leben. Die Gesamtbevölkerung der Courly, 1,2 Millionen Einwohner, macht Lyon zur zweitgrößten Stadt Frankreichs. Rhone und Saone umfließen das Zentrum und treffen sich an seiner Südspitze. Im Norden erhebt sich der Hügel Croix-Rousse, im Westen der Fourvière. Lyon ist der sprichwörtliche Bauch des Rhonetals, den die umliegenden Regionen Bresse, Auvergne, Dauphiné, Dombes und Beaujolais füttern.

Warum Lyon?

Die ans Mittelmeer reisenden Urlauber kennen Lyon in ganzer Länge – 12km Autobahn, davon 1700m durch den Tunnel Fourvière Die Erinnerung ist meist entsprechend abgasvernebelt, und nur wenigen fällt es ein, in so einer Durchgangsstadt länger zu verweilen. Keiner von diesen Reisenden kennt Lyon, doch sind sie eifrig dabei, die Stadt unter Vorurteilen lebendig zu begraben. Für sie ist Lyon ein monströser Steinhaufen, den man so rasch wie möglich zu passieren sucht. Auch die Werbung der Touristenprospekte hatte sich lange Zeit auf die Vorurteile dieser *clientèle* eingelassen: »Wenn Sie nur zwei Stunden für einen Besuch erübrigen können . . . Steht Ihnen ein halber Tag zur Verfügung . . . Wenn Sie einen ganzen Tag für Lyon opfern wollen . . . Welche andere Großstadt pries sich je für eine zweistündige Stippvisite an! Doch ist Lyon überhaupt eine Großstadt?

Im Vergleich zu Paris, ihrer überwältigenden Konkurrentin, lebte sie bis in die jüngste Gegenwart hinein lieber recht französisch als schlecht international. Große Kleinstadt, kleine Großstadt - es läuft aufs selbe hinaus. Lyon ist neben Paris eine *provinciale*. Dabei hat sie, zumindest was urbane Wohnlichkeit angeht, die Hauptstadt längst ausgestochen. Es gibt Städte, die man sich eilen muß zu sehen, bevor sie endgültig ihr Gesicht verloren haben. Mit Lyon ist es umgekehrt. Bislang ins Hinterland eingereiht, gibt sie sich heute erfolgreich Mühe, eine *belle* zu werden. Eine Stadt im Übergang: keine Provinz mehr, aber noch nicht Weltstadt wie Marseille oder Paris.

Vor einigen Jahren entschlossen sich die Stadtväter zu einer großangelegten Renovierungs- und Putzaktion. Gleichzeitig sorgen die Pla-

Cathédrale Saint-Jean und Basilique Notre-Dame-de-Fourvière in stimmungsvoller Abendbeleuchtung

ner dafür, daß Lyons frische Ansehnlichkeit nicht sofort wieder ver-
rußt. Lyon gehörte zu den ersten Stadten Frankreichs, die im Nahverkehr elektrisch betriebene Busse einsetzten. 1957 hatten die *trollies*
schon einmal Dreiviertel der *circulation* übernommen, wurden aber in
den siebziger Jahren durch den Individualverkehr verdrängt. Ende der
siebziger Jahre erneut eingeführt, summen sie heute leise und geruch-
los durch die Stadtlandschaft und sind eine Wohltat für Ohren und
Lunge. Mit Genugtuung rechnen die Lyoner vor, daß eine U-Bahn im
Durchschnitt 200, ein Bus 40, ein Auto aber nur 1,4 Personen transportiert. Grund genug, bei steigenden Umweltbelastungen den öffentlichen Verkehr so komfortabel wie möglich zu gestalten.
Lyon fehlt es nicht an Attraktivität, aber an Attraktionen. In seinen hohen Hausern lebt ein emsiger und prüder Geist, dessen Moral die
Vergnügungssucht mühelos besiegt. Die Anzahl der Kirchen steht in

keinem Verhältnis zu der der Nachtclubs. Menschen sind ab 23 Uhr nur noch in Restaurants und Diskotheken anzutreffen. Das bürgerliche Lyon sinkt in Tiefschlaf, in dem höchstens die ortsansässige *pègre,* die Unterwelt, für Alpträume sorgt. – Sonntagabend: Eine *flaneuse* bewundert die Auslage eines Hutgeschäfts. Plötzlich wird das Schaufenster dunkel – es ist 20.30 Uhr. *Voilà* Lyon, wo man »schließlich nichts für die Katz' erleuchtet«, wie mir ein Ladenbesitzer versicherte. Colette fühlte sich von der Stadt maßlos angemuffelt: »Fünf Tage in Lyon sind endlos«, und Heinrich Heine jammerte: »Hier ennuyire ich mich schrecklich. Das Theater ist meine einzige Ressource.« Ein dritter Schriftsteller aber entdeckte den Markt an der Saône und »daß Lyon schön war auf seine Art«. Man muß Wolfgang Koeppen recht geben. Ein Bummel über den Marché des Antonins ist eine Duftreise durch Frankreich. An dem einen Stand verströmt Lavendel Provence-Atmosphäre, beim Fischhändler steigt einem frisch und streng das Mittelmeer in die Nase. Gegenüber ein Hauch von Pfirsichen, der aber hoffnungslos im Muff der Käsespezialitäten erstickt. Honiggelbe Melonen parfümieren die Luft mit ihrem reifen Aroma. Könnte der Mensch sich von Duft ernähren, hier würde er gemästet. »Les choux-fleurs, allez-y, allez-y, alleeeez-y!« kreischt ein Blumenkohlhändler. Gegen Mittag werden die Schreie zudringlich – jeder will seine Schätze heute noch loswerden. Am *zinc* des Stehbistros lehnt eine erschöpfte dicke Madame, umringt von prallen Einkaufsnetzen, und genehmigt sich einen Schnaps, bevor das Gedrängel sie weiter die Stände entlang schiebt. *Il y a de tout:* große Bündel getrockneter Kräuter neben frisch gepflücktem Löwenzahn, mitleiderregend gerupfte Wachteln und Lyoner Würste ständevoll, ein Olivensortiment, wie es sonst nur italienische Märkte bieten, Knoblauchgirlanden und die ersten blühenden Mandelbaumzweige. Um 12 Uhr wird es stiller. Dann dampft in vielen Buden *choucroute* und mischt sich mit dem Duft von Wacholderbeeren. – Hartnäckige Besserwisser werden mit den Achseln zucken: »Na und, es ist ja bekannt, daß in Lyon gut essen ist, aber außerdem?«
Außerdem hat die Stadt 24 Museen, einige davon einzigartig. West-

lich der Saône am Hügel Fourvière dehnt sich der größte erhaltene Renaissance-Komplex Frankreichs. Das Théâtre du Huitième und das T. N. P. (Théâtre National Populaire) zogen in den letzten Jahren mit unkonventionellen Inszenierungen das internationale Interesse auf Lyon. – Also eine Stadt zum Essen, Besichtigen, Sichunterhalten. Außerdem? Den Parc de la Tête d'Or! Wenn im März die Vögel den Frühling herbeilärmen und die ersten Schmetterlinge nach den Blumen Ausschau halten, besitzt Lyon nichts Schmuckeres als seinen »Goldenen Kopf«. Kinder laufen auf Rollschuhen um die Wette mit der kleinen Lokomotive, die in ostereierbunten Wagen Reiselustige durchs Grüne kutschiert. »Sifflez!« mahnt ein Schild den Lokführer vor jedem Bahnübergang, und die Spaziergänger unterbrechen beim langgezogenen Pfeifen gehorsam und ein wenig belustigt ihren Weg. Schwäne streichen über den See, und am Ufer sorgt ein Cocker kläffend für Aufregung unter dem Entenvolk. Er gibt seine Jagd erst auf, wenn sich das Federvieh fliegend aus dem Staub macht. Auf dem Rasen sind schon einige Gänseblümchen erblüht, und die Knospen der Weiden schimmern. Was ist der verdreckte Bois de Boulogne gegen dieses weite Gelände, das sich Park nennt und dabei so sehr Natur geblieben ist?

Ein anderes Lyon begegnete mir in der Bibliothek des Institut Catholique. Da saß ein alter Herr, der sich sorgsam und bedächtig bekreuzigte, bevor er ein offensichtlich liturgisches Buch aufschlug. Er begann zu lesen, blickte nach nicht einmal einer Minute auf seine Armbanduhr: 10 Minuten vor 12 Uhr, *bientôt* Mittagessenszeit. *Quelle chance!* – und klappte das Buch zu.

Nicht erst der Schriftsteller Jean Dufour bezichtigte die Lyoner einer Mischung aus Hypokrisie und Pharisäertum, deren Lieblingsbeschäftigung es sei, »sich tief ins eigene Innere zurückzuziehen, um äußerst zufrieden wieder herauszukommen«. Mit einigem Wohlwollen entschuldigt sich dieser Charakterzug als eine Reaktion auf die jahrhundertelange Demütigung, neben Paris nur als Provinznest zu gelten. In Ermangelung des unerreichbaren Titels »Capitale de la France« und

Über den Dächern von Vieux Lyon

zum Ausgleich einer scheinbaren Minderwertigkeit, erkor Lyon sich zur Hauptstadt unzähliger anderer Dinge und Zustände: der Seide, der Buchdruckerkunst, der Mystik, der Rosenzucht, der Bouleskugeln, der Messen, der Résistance und *last not least* der Gastronomie. Wäre der Titel »Hauptstadt der Hauptstädte« zu vergeben, Lyon würde sicher Anspruch darauf erheben. Ein gewitzter Journalist trug diesem Lokalpatriotismus Rechnung und rühmte die Lyoner Musikhochschule als »die einzige in Frankreich – zusammen mit der von Paris«.

Doch Lyon mausert sich: von den fünf Eliteschulen Frankreichs, den Écoles Normales Supérieures, die bislang allesamt in Paris waren, sind mittlerweile drei an die Rhône verlegt worden. Überdies ist Lyon auf dem Sprung, eines der bedeutendsten Wirtschaftszentren Europas zu werden. Der mit immensen finanziellen Mitteln ausgestattete »Verband für die wirtschaftliche Entwicklung des Raumes Groß-

Lyon« (A.D.E.R.L.Y.) holte in den letzten Jahren weltweit agierende High-Tech-Betriebe und Forschungszentren von Weltruf wie das Internationale Krebsforschungsinstitut (CIRC) nach Lyon. Eine Glanzleistung war es, die Weltorganisation Interpol zum Umzug von der Seine an das Rhône-Ufer, den Quai Achille-Lignon in der neuen Lyoner Cité Internationale, zu bewegen. Und der schon lange nicht mehr unmögliche Möbelgigant Ikea baut in Lyon sein europäisches Zentrallager auf einer Fläche von 60 000 Quadratmetern. Inzwischen liest sich das Branchenverzeichnis des Lyoner Telefonbuchs wie ein Who is Who der internationalen Wirtschafts-, Industrie- und Bankenwelt. Knapp und bündig bringt es der neue Slogan des Fremdenverkehrsamtes auf einen Nenner: »Lyon – Rendez-vous avec l'Europe«.

In der Regel prägt eine Landschaft ihre Bewohner. Und was ist das Rhônetal anderes als die Verbindungsachse zwischen dem Norden Frankreichs und dem Mittelmeer? Ob man in Lyon das Tor zum Süden oder das Tor zum Norden sieht, hängt allein vom *point-de-vue* des Betrachters ab. Wen es von der Côte d'Azur herauf verschlägt, wird in der arbeitsstrengen Industriemetropole frieren. Ich kam von jenseits der Alpen, und Lyon erschien mir bereits *méditerranéenne*.

Lyons Geschichte

Im ersten Jahrhundert v. Chr. lebten am Fuße der Croix-Rousse-Anhöhe, heute das vierte Arrondissement Lyons, eine Handvoll Kelten in ihrem Dörfchen Condate. Auf dem Fourvière-Hügel opferten sie in einem Tempel dem Sonnen- und Lichtgott Lug. Diese Kelten, besser als Gallier bekannt, hausten bereits recht zivilisiert. Sie waren gute Landwirte und berühmt für die Qualität ihrer Schwerter. Sie besaßen eine excellente Kavallerie, und da zu ihrem Credo die Unsterblichkeit der Seele gehörte, fürchteten sie weder Tod noch Römer. Diese hatten es mit der Unterwerfung des zähen Kämpfervölkchens nicht leicht. Ein Nachteil der gallischen Helden gegenüber den gedrillten Legionen Cäsars war ihre Unfähigkeit sich zu organisieren. Die Kämpfe, die die legendären Comic-Gallier Asterix & Obelix ausfechten, liefern ein historisch zutreffendes Bild des Geschehens. Hier ein kleiner unorganisierter Haufen gallischer Einzelkämpfer, die es pro Mann mit zehn Römern aufnehmen, dort Tausende von römischen Söldnern, die sich nicht für ihr Land, sondern für Geld schlagen und denen es entsprechend an *courage* fehlt, die aber andererseits bestorganisiert auftreten und eine ausgeklügelte Kriegsführung und Eroberungstechnik besitzen. Die Gallier waren für sie, wie alle Nicht-Römer, Barbaren. – Im Jahre 58 v. Chr. machte sich Cäsar an der Spitze von sechs Legionen auf, um seinen bedrängten Alliierten in Gallien zu Hilfe zu kommen. Auf einem Hügel an der Saône errichtete er sein Lager. Dieser Platz gefiel ihm so sehr, daß er beschloß, hier eine römische Kolonie zu gründen. Für den Moment blieb dazu allerdings keine Zeit: Erst mußte Gallien unterworfen werden. Fünf Jahre später erhielt sein gallischer Gouverneur Lucius Munatius, genannt Plancus, zu deutsch Plattfuß,

den Befehl, auf dem Hügel an der Saône eine Stadt anzulegen. Am 10. Oktober 43 v. Chr. zog er mit dem Pflug die obligatorische Furche der Stadtumgrenzung, streute eine Handvoll Erde aus Rom hinein, begoß das Ganze mit dem Blut der Stiere, die zuvor den Pflug gezogen hatten, und verlieh der Stadt den Namen Lugdunum. Über die Herkunft dieses Namens gibt es drei Versionen: »Hügel der Raben«, die bei der Gründung zugegen gewesen sein sollen (von kelt. loukos = Rabe, dunos = Hügel). Sodann treffen diesen Berg morgens die ersten Sonnenstrahlen, daher ist auch die Ableitung »Hügel des Lichts« (lat. lux) möglich. Die dritte und glaubwürdigste Erklärung führt auf den keltischen Sonnengott Lug zurück, in dessen Heiligtum auf dem Hügel jedes Jahr am 1. August ein Opferfest veranstaltet wurde.

Die Gallier vertrugen sich gut mit den Römern. Man gewöhnte sich aneinander und übernahm wechselseitig Sitten und Gebräuche. Die Römer feierten 132 Feste pro Jahr, was den Galliern nicht unlieb war, und errichteten allerlei dem Vergnügen geöffnete Stätten, z.B. Theater und eine Kampfarena. Eheliche Verbindungen taten das Ihre, und bald konnte man von einer römisch-gallischen Mischkultur sprechen. Lugdunum wurde schnell Kultur- und Handelsmittelpunkt Galliens und zeitweilig nach Rom die wichtigste Stadt des Imperiums. Die Römer ließen die Gallier ungehindert ihren religiösen Bräuchen nachgehen und schritten auch nicht ein, als sich orientalische Kulte in Gallien ausbreiteten, wie etwa die Anbetung des persischen Mithras, der kleinasiatischen Göttermutter Kybele und des ägyptischen Paares Isis und Serapis. Bedenken hegten sie nur gegen die alten Druidenmythen, die sie für den anfänglichen Widerstand des Volkes verantwortlich machten. Die Druiden hatten die wichtigste Stelle innerhalb einer gallischen Dorfgemeinschaft inne. Ihr Götterkult galt Belenos und Belisama. 12 n. Chr. errichtete der Statthalter in dem Dorf Condate einen mächtigen Marmortempel, Rom und dem Ruhme Augustus' geweiht. Er wurde den Galliern zum Ersatz für ihr Lug-Heiligtum. Hier versammelten sich alljährlich die Delegierten der 60 gallischen Stämme eine erste *Assemblée nationale* des zukünftigen Frankreich.

Das Christentum hatte es schwer, sich unter der Römerherrschaft in Lyon durchzusetzen. Der heilige Pothinus, der die neue Lehre nach Lyon gebracht hatte und als erster Bischof der Stadt in die Kirchengeschichte einging, wurde 177 n. Chr. trotz seiner 90 Jahre, zusammen mit 47 Gleichgesinnten, zu Tode gemartert. Der Schutt des Théâtre des Trois-Gaules, Schauplatz des Martyriums, kann auf dem Hügel Croix-Rousse besucht werden. Nachdem die Leichen zur Abschreckung sechs Tage lang ausgestellt worden waren, verbrannte man sie und streute die Asche in die Rhône. Außer der Erinnerung an ihr blutiges Ende hat nicht ein Stäubchen der ersten Lyoner Christen überlebt. (Der Anspruch auf Reliquien, den einige Kirchen heute erheben, entbehrt jeglicher Substanz.) Die Anhänger des neuen Glaubens wurden erbarmungslos gejagt. Erst Konstantin der Große machte damit ein Ende, indem er seit 312 das Christentum förderte. Er verlegte seinen Regierungssitz nach Byzanz und überließ Gallien seinem abgelegenen Schicksal. Bald waren die Römer in Lugdunum nur noch Statisten und den einwandernden »Barbarenvölkern« ausgeliefert. Die Neuankömmlinge demontierten die Aquädukte, die den quellenlosen Hügel Fourvière mit Alpenwasser versorgten, und eigneten sich die kostbaren Bleirohre an, deren heutiger Wert sich auf zwei Milliarden Francs beliefe. Von der Wasserversorgung abgeschnitten, brach Galliens Hauptstadt zusammen. Was von der ehemals prosperierenden Metropole übrigblieb, wurde 457 von den Burgundern besetzt. Mit den neuen Herren brachen rauhe Zeiten an. Die Gesetze trugen dem Rechnung. So war eine Strafe von 30 Goldstücken für denjenigen vorgesehen, der »einem anderen auf den Kopf schlägt, so daß das Gehirn hervortritt oder die drei Schädelknochen, die es sonst bedecken, sichtbar werden«. Für das Ausreißen einer Hand, eines Fußes, Ohres oder der Nase waren 100 Goldstücke zu entrichten, blieb aber die Hand noch eben hängen, nur 63. Wie man sieht, hatte schon damals alles seinen genauen Preis.

Während der folgenden Jahrzehnte stritten sich Burgunder und Franken um die Herrschaft über die Stadt. In diesem politischen Hickhack stieg die Popularität der Kirche. 511 ließ sich Chlodwig I. taufen und

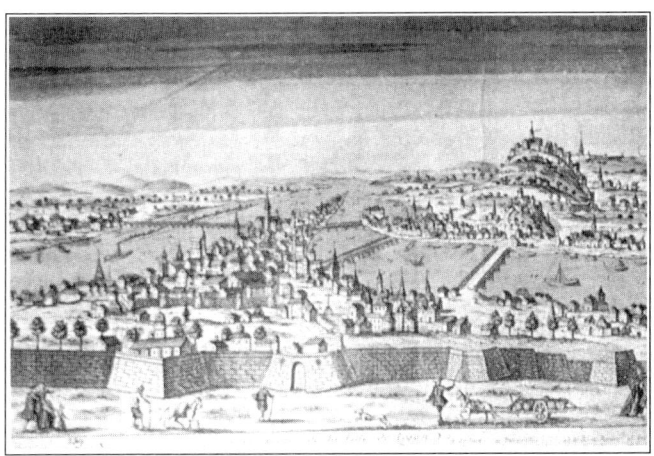

Lyon in alter Zeit

ermöglichte die Verschmelzung von Franken und Burgundern. Bis zur Reichsgründung unter Karl dem Großen war aus der Wiege des Christentums in Gallien ein »Kirchenstaat« geworden, in dem die Bischöfe regierten. Während man sich anderorts die Köpfe einschlug, lebten die Lyoner zwar in Frieden – aber in Not: Um die Jahrtausendwende wurde die Stadt 48 Jahre lang von Hungersnöten und Pestepidemien heimgesucht. Eine dreijährige Regenperiode ruinierte 1030 die Landwirtschaft und machte die Lyoner zu Gras- und Leichenfressern: Bei einem Schlachter will man 50 Menschenschädel gefunden haben. Zur gleichen Zeit wurde Lyon zusammen mit Burgund dem Deutschen Reich einverleibt. Ermächtigt durch die »Goldene Bulle« Barbarossas, übte der Bischof Heraclius von Montbassier absolute Regierungsgewalt über Lyon aus, gleichzeitig mußten viele Menschen in den Kreuzzügen ihr Leben lassen. Die Macht der Kirche schuf sich steinerne Symbole: 1165 wurde mit dem Bau der Kathedrale Saint-Jean begonnen. Westlich der Saône setzten sich die Kleriker fest, Kauf- und Handelsleute konzentrierten sich auf der Halbinsel um die Rue Mercière. Hier wie dort ruhte man satt auf dem Rücken des Volkes. Abgestoßen vom Sumpf der Korruption und Bigotterie, angewidert von der Machtgier des Klerus, gab 1160 Pierre Valdo, ein reicher Lyoner Bourgeois, Geld und Gut hinweg und machte sich, arm geworden, zum Anführer der »Pauvres de Lyon«. Anfangs ließ man ihn unbehelligt predigen. Seine Parolen fanden bei den Ausgehungerten eine unerwartete Resonanz. Als jedoch Valdos christlicher Sozialismus dem Klerus immer bedrohlicher erschien, griff die Kirche zu Gegenmaßnahmen. Der Häresie angeklagt, von Rom mit dem Bannfluch belegt, floh er ins Deutsche Reich, und seine Anhänger gingen in den Untergrund. Die erbitterte Verfolgung der »Waldenser« ist ein Vorspiel zur Protestantenhatz des 16.Jahrhunderts. Mitte des 15. Jahrhunderts, im Vorfrühling der Renaissance, mauserte sich Lyon, das seit 1312 wieder der französischen Krone diente, zum bedeutendsten Wirtschaftszentrum Frankreichs. Die beiden alljährlichen Messen, die Charles VII. eingeführt hatte, erhöhte Louis XI. auf vier. Scharenweise wanderten italienische Bankiers ein, deren prunkvolle Häuser seither das Stadtbild prägen – *Lyon s'italianisa*. 1473 wurde aus Deutschland Gutenbergs Erfindung importiert, und bis zur Jahrhundertwende war aus Lyon eine europäische Banken- und Handelsmetropole und ein Zentrum der Buchdruckerkunst geworden. Die Stadt hatte zu dieser Zeit eine höhere Einwohnerzahl als Paris. Das erste in französischer Sprache gedruckte Buch wurde 1476 von Barthélemy Buyer in der Rue Mercière gesetzt. Der Inhalt der in Lyon erscheinenden Bücher war nicht immer nach dem Geschmack der Kirche. Die sah ihre Stellung durch die neue Vervielfältigungstechnik bedroht und sandte ihre Inquisitoren aus, dem neuen Bewußtsein einen Maulkorb zu verpassen. Am 3. August 1546 starb der Verleger und Autor Étienne Dolet als erster Märtyrer der Buchdruckergeschichte. Verurteilt wegen Blasphemie, wurde er öffentlich gehängt und verbrannt. Auch Dolets Zeitgenosse François Rabelais nahm gegenüber der Kirchenherrschaft kein Blatt vor den Mund. Er ließ seine Werke in Lyon verlegen, in dessen Krankenhaus er vorübergehend als Arzt tätig war. 1532 erschien

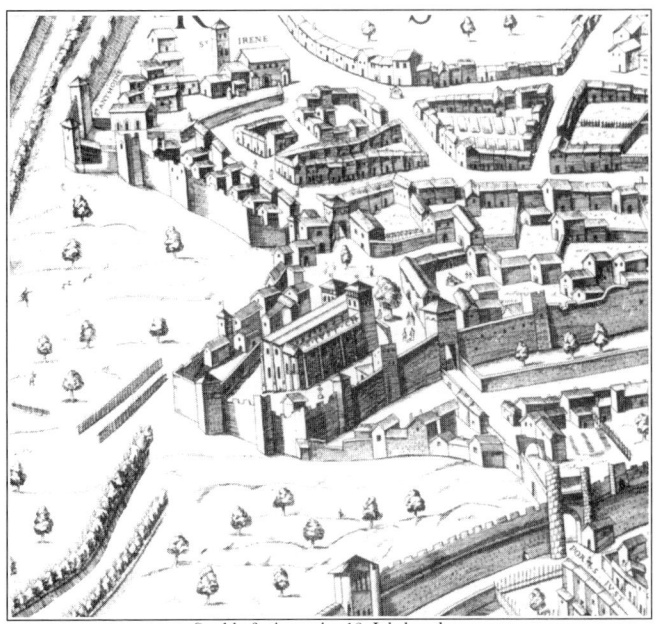

Stadtbefestigung im 16. Jahrhundert

unter dem Namensanagramm Alcofibras Nasier sein Buch vom Leben des Riesen Pantagruel. Rabelais schaute wie Luther dem Volk aufs Maul. Was er dabei zu hören bekam, war nichts für scholastische Ohren, aber er verpackte seine Polemik so geschickt und schelmisch, daß er unbehelligt spotten konnte. – Neben der Buchdruckerkunst etablierte sich die Seidenindustrie. Ein wenig verspätet, denn bereits 1466 hatte Louis XI. ihre Einführung angeordnet. 1536 wurde die erste Manufaktur eingerichtet, und Lyon nahm die Produktion des kostbaren Exportartikels auf, der in den folgenden Jahrhunderten zum Hauptindustriezweig werden sollte.

In dieser Zeit der Glaubenskämpfe lebten in der Stadt bereits etwa 4000 Reformierte, ein Zehntel der Bevölkerung. 1560 schlugen sich Katholiken und Protestanten zum erstenmal. Der Kampf in der Rue Longue ging unentschieden aus. 12 Jahre später, im Anschluß an die Pariser Bartholomäusnacht, wurden in Lyon 263 Protestanten ermordet. Bis Ende des Jahres stieg die Zahl der Opfer auf 1800 an. Die Mörder erhielten im nachhinein eine Absolution *en bloc* für alle Schlächtereien, die sie verübt hatten. Der Klerus blieb die mächtigste Instanz, und die Lyoner standen auf seiner Seite, als Rom die Hugenotten unter Henri IV. mit Krieg überzog. 1589 fiel dem Führer der Protestanten die französische Thronfolge zu. Um die Vorbehalte gegen seine Herrschaft abzubauen, trat er vier Jahre später zum Katholizismus über. Im Edikt von Nantes gewährte er 1598 den Hugenotten Religionsfreiheit. Damit war der innere Landesfrieden gerettet. Der König mochte das romhörige Lyon nicht – trotzdem hat er sich in der Stadt mit Maria von Medici verehelicht. (Die Hintergründe dieser Heirat beschreibt Heinrich Mann anschaulich in seinem Roman »Henri Quatre«.) Zehn Jahre später wurde der König erdolcht, und seine Gattin nahm die Hugenottenhatz wieder auf.

Von 1628 bis 1638 wütete in Lyon die Pest. Allein die zweite Epidemie forderte 40 000 Opfer. In den Betten des Hôtel-Dieu verwesten die Toten neben den Kranken. Unter der Herrschaft Louis' XIV. geriet Lyon dann ins gesellschaftliche Abseits. Während sich in Paris und Versailles Adel und Reichtum konzentrierten, sank Lyon zur Provinzstadt herab. Gleichzeitig vergrößerte sich die Steuerlast: Bis Ende des 17. Jahrhunderts verschuldete sich die Stadt mit 14 Millionen Francs (heute drei Milliarden). Paris glänzte, und Lyon zahlte. Während seiner 54jährigen Regierungszeit bequemte sich der Sonnenkönig ein einziges Mal zu einem Besuch, und man fragt sich, für welche Wohltaten die Lyoner ihm ein Denkmal errichteten. Die Deutschen hätten dazu viel mehr Grund gehabt. Im Jahre 1685 nämlich widerrief Louis XIV. das Edikt von Nantes, was die Abwanderung einiger Hunderttausend Protestanten in die Nachbarländer provozierte – ein böser Aderlaß für Frankreich, das dadurch seine besten Handwerker an die ausländi-

Standbild Louis` auf der Place Bellecour

sche Konkurrenz verlor. Allein aus Lyon entkamen 2000 Arbeiter – vornehmlich der Seidenindustrie. Unter ihnen war auch ein dort seßhaft gewordener Schneider, der zurück nach Deutschland flüchtete, genauer: nach Frankfurt am Main. Und wenn Louis XIV. nicht das Edikt widerrufen hätte, wäre der Lyoner Schneider nicht nach Frankfurt geflüchtet, hätte sich dort nicht mit einer Schneiderwitwe verheiratet, hätte keine Enkelkinder gehabt – und Deutschland keinen Goethe!

Ansonsten degenerierte der Hof im Sonnenschein vor sich hin, »die

Bourbonen waren ganz allmählich aus glänzenden Heldenkönigen glänzende Nichtstuer geworden, indem sie auf Kosten von Millionen gedrückter, freudloser, unterernährter Arbeitstiere aus ihrem Hof ein vergoldetes, gläsernes Treibhaus gemacht hatten, das lediglich der Kultur einiger nutzloser, verkünstelter Luxuspflanzen diente«, schreibt Egon Friedell in seiner »Kulturgeschichte der Neuzeit«. Am 14. Juli 1789, am Tag des Ausbruchs der Französischen Revolution, soll Louis XVI. gewissenhaft in seinem Jagdtagebuch vermerkt haben: »Rien.«

Während der folgenden Revolutionsjahre gab sich Lyon mal dem Opportunismus, mal dem Eigensinn hin, wobei es am Ende in einem Blutbad ohnegleichen versank und nur knapp der völligen Zerstörung entging. Die Lyoner Bourgeoisie hatte zwar leidenschaftlich die *grands principes* von 1789 angenommen, doch damit war die Revolu-

Die Place des Terreaux mit dem Rathaus im 17. Jahrhundert

tion für sie beendet. Man wollte Sicherheit und Ordnung im Land, um seiner Arbeit in aller Ruhe nachgehen zu können. Aber Joseph Chalier, der Führer der Jakobiner, tyrannisierte die Stadt mit seinem Lieblingsspielzeug, der Guillotine. Dafür hatte ein gewisser Schmitt das Monopol der Massenproduktion erhalten: *tout complet* kostete der Apparat 329 Francs. 1792 in Paris ausprobiert und für brauchbar befunden, wurde er auf der Place des Terreaux installiert, wo für Chalier das Messer ohne Pause fiel. Zuletzt wollte er die Guillotine auf den Pont Morand verlegen, um mit Hilfe der Rhône die Leichenbeseitigung zu beschleunigen. Dazu sollte er nicht mehr kommen: Am 29. Mai 1793 brach auf der Place des Terreaux der Kampf zwischen Gemäßigten und Radikalen aus. Elf Stunden dauerte die Schlacht vor dem Rathaus: 150 Tote und Verletzte waren das Ergebnis.

Die gemäßigten Girondisten siegten und setzten Chalier und seine Freunde gefangen. Lyon freute sich des Sieges drei Tage zu früh: Am 2. Juni stürzten in Paris die Jakobiner die Girondisten, und damit avancierte Lyon zur Rebellenstadt. Doch die Lyoner bewiesen insofern Konsequenz, als sie jetzt bei ihrer Meinung blieben, der Konvent sei nicht länger Repräsentant der Republik, sondern eine Menschenmetzgerei. In Lyon glaubte man bald, ganz Frankreich gegen Paris vertreten zu müssen. Der Konvent ließ sich diesen Größenwahn natürlich nicht bieten und lud die Lyoner auf eine Unterredung in die Hauptstadt ein. Diese folgten aber weder der Einladung noch der Aufforderung, die gefangenen Jakobiner unbehelligt zu lassen. Statt dessen versuchten sie mit der »Adresse du peuple de Lyon à la République« die anderen Departements aufzuwiegeln. Chalier wurde guillotiniert, und am 29. Juni versammelte sich auf der Place Bellecour eine 3000 Mann starke Armee, geführt von Louis-François Précy, der einst die Tuilerien verteidigt hatte: Man wollte die Pariser Mores lehren. Die sandten ihrerseits eine Armee unter François-Christophe Kellermann, die aufständische Provinzstadt auszuheben. Am 22. August schlugen die Heere aufeinander los, beide für und im Namen der Republik. Zwei Monate herrschten Belagerung, Kampf und Zerstörung – dann kapitulierte die Bevölkerung bedingungslos. Die »Amis de Chalier« fielen in die Stadt ein, trunken von Rachsucht. Das Gemetzel hob erneut an – Verurteilungen erfolgten ohne viel Federlesens, vollstreckt wurde binnen 24 Stunden. 5000 Menschen verschwanden in der ersten Woche in den Kerkern. Am 12. Oktober wurde der Vernichtungsbefehl für Lyon erlassen. Der Vertreter des Konvents, Georges Couthon, ein Gelähmter, ließ sich im Sessel zur Westfassade der Bellecour tragen, wo er mit seiner Krücke symbolisch auf den Boden schlug: »Lyon n'est plus.« In dem Erlaß hieß es: »Die Stadt Lyon wird vernichtet. Alles, was von den Begüterten bewohnt wurde, wird zerstört. Der Name Lyon wird aus der Liste der Städte der Republik gestrichen. Die Ansammlung der verbleibenden Häuser trägt von nun an den Namen »Befreite Stadt«. Auf den Ruinen Lyons wird eine Säule errichtet, die für die Nachwelt die Verbrechen und die Bestrafung der Royalisten dieser Stadt mit folgender Inschrift bezeugt: >Lyon erklärte der Freiheit den Krieg. Lyon ist nicht mehr<.«

Der Jakobiner-Terror übertraf alles bis jetzt Erlittene. Achard, einer der »Amis de Chalier«, informierte Robespierre: »Guillotine und Erschießungen laufen nicht übel: sechzig, achtzig, zweihundert kann man auf einmal abknallen. Es macht Mühe, täglich für Nachschub zu sorgen, damit die Gefängnisse nicht leer stehen.« Die Schreckensherrschaft währte bis 1794, dann wurde Robespierre selbst ihr Opfer. Das Ende der Unterdrückung war jedoch nicht gleichzeitig der Beginn friedlicherer Tage. Lyon unterwarf sich der Parole seines Bürgermeisters Salomon: »Laßt uns jetzt unsererseits die Terroristen terrorisieren!« Die Stadt war am Ende ihrer Kräfte. Sie hatte ein Drittel der Bevölkerung eingebüßt, der Rest hungerte auf Lebensmittelkarten.

Doch der starke Mann, der Frankreich wieder aufhelfen sollte, war bereits unterwegs. Von seinem Ägypten-Feldzug zurück, machte Napoleon Bonaparte am 13. Oktober 1799 in Lyon Station, wo man ihn enthusiastisch feierte. Unter seiner Regierung lebten Stadt und Bevölkerung von neuem auf – zwischen 1804 und 1812 wuchs die Bevölkerung von 94 000 auf 121 300 Einwohner. Napoleon zeigte wohlwollendes Interesse für Frankreichs Handelsmetropole. Er ließ sich von Joseph-Marie Jacquard (S. 120) dessen Webstuhlerfindung erklären

Die Saône mit der Cathédrale Saint-Jean

und förderte die Gründung einer Kammer der Seidenweber, der »Condition publique des Soies«. Die Lyoner verehrten ihn treu und brav, sie erwogen sogar, die während der Revolution zerstörte Statue Louis' XIV. durch ein Napoleon-Standbild zu ersetzen. Doch als dieser nach Elba verbannt wurde, hängten sie ihr Mäntelchen nach dem Wind, indem sie Louis XVIII. beteuerten, sich 1793 aus reiner Königstreue den Jakobinern widersetzt zu haben. – Napoleon kehrte für 100 Tage zurück, und die Lyoner sahen sich gezwungen, ihre Meinung erneut den herrschenden Verhältnissen anzupassen. Als sich Bonaparte am 13. März 1815 in Lyon aufhielt, wurde er von der Bevölkerung mit dem gewohnten »Vive l'Empereur!« begrüßt, was ihm die gerührte Erklärung »Lyonnais, je vous aime« abnötigte. - Wie biegsam die Lyoner Volksseele war, zeigen nicht zuletzt die Straßennamen: Mit der Rue Imbert-Colomès ehrt sie einen leidenschaftlichen Royalisten – Rue Ney und Rue Général-Mouton-Duvernet erinnern an zwei erklärte Verräter der Monarchie.

Revolution, Empire, Monarchie: Die politischen Umwälzungen hatten nichts an der Misere der Weber geändert. Sie verdienten im Durchschnitt 1 Franc pro Tag – das Pfund Brot kostete 20 Centimes. In Friedenszeiten hatten die Seidenstoffe auf ausländischen Märkten sichere Abnehmer gefunden. Die Bevölkerung des Weberviertels Croix-Rousse verdoppelte sich von 1806 bis 1830, und die *canuts* (Weber) arbeiteten oft 18 Stunden täglich. Dann wurde Lyon infolge der unsicheren französischen Außenpolitik von schwerer Arbeitslosigkeit getroffen. 1831 brach der erste Weberaufstand aus: Anfang des Jahres hatten sich die *canuts* zusammengeschlossen, um ihre Lohnforderungen durchzusetzen. Nach erbitterten Verhandlungen einigten sie sich mit den Fabrikanten auf einen Grundtarif, der dann aber in der Praxis nicht eingehalten wurde. So stellten die Weber Patronen statt Stoffe her. »Vivre en travaillant ou mourir en combattant« schrieben sie auf ihre schwarzen Fahnen. Am 21. November entlud sich die explosive Stimmung. Der Aufstand wurde niedergesch}agen, ohne daß die *canuts* ihr Ziel erreicht hatten. Der gescheiterte Versuch, ihre soziale Lage zu verbessern, ließ sie die gesellschaftlichen Gründe für ihre Misere erkennen. Unter Führung der Republikaner brach 1834 der zweite Aufstand aus. Diesmal waren es nicht nur die niedrigen Löhne, die die Arbeiter auf die Barrikaden trieben – die Idee vom Klassenkampf begann sich durchzusetzen. Die Schriftstellerin George Sand verglich den Lyoner Aufstand mit der Entwicklung in der Hauptstadt: »Die Ursachen für diese Unruhen hatten einen mehr sozialistischen Charakter und ein allgemeineres Ziel als die später folgenden Unruhen in Paris. Hier handelte es sich, zumindest dem Anschein nach, darum, die Regierungsform zu ändern. Dort erhob sich das Problem einer Organisation der Arbeit aus der Lohnfrage.« Louis Blanc sammelte und politisierte Arbeiter und Kleinbürger mit der Forderung, das Recht auf Arbeit durch die Errichtung von Nationalwerkstätten zu verwirklichen. 1848 kam die allgemeine Unzufriedenheit zum Ausbruch, Paris erlebte die Februar-Revolution. Der Bürgerkönig Louis-Philippe mußte abdanken, die Zweite Republik wurde ausgerufen, Nationalwerkstätten wurden eingerichtet. Ihre Schließung wegen Unrentabilität im Juni des gleichen Jahres provozierte den Pariser Juni-Aufstand, der blutig zusammengeschossen wurde und 3000 Tote forderte. In Lyon blieb es zu dieser Zeit vergleichsweise ruhig.

1870 erklärte Frankreich Preußen den Krieg – und verlor. Die Friedensverhandlungen mit Bismarck führte ein gebürtiger Lyoner, der Außenminister Claude-Gabriel-Jules Favre (1809-80), und am 10. Mai 1871 wurde in Frankfurt Frieden geschlossen. Frankreich mußte Elsaß-Lothringen abtreten und fünf Milliarden Kriegsentschädigung zahlen. Frankfurt leistete sich ein prächtiges Opernhaus aus französischem Kalksandstein, das, im Zweiten Weltkrieg zerstört und inzwischen wieder aufgebaut, noch 100 Jahre später den Patriotismus, wenn auch nur lokal, beflügeln sollte.

Bereits während der demütigenden Friedensverhandlungen erhob sich in Paris die *commune.* Nach zweimonatigem Barrikadenkampf wurde sie von den Truppen des Generals MacMahon blutig niedergeschlagen. In Lyon flatterten während dieser Zeit auf Anordnung der Regierung rote Fahnen vor dem Rathaus, mit denen man zu beschwichtigen und Unruhen vorzubeugen hoffte.

Die politischen Revolutionen des 19. Jahrhunderts wurden begleitet von weniger spektakulären, dafür aber nachhaltigeren Neuerungen auf technischem Gebiet. Die Errungenschaften der industriellen Revolution veränderten das Gesicht Lyons. Die erste Eisenbahnstrecke Frankreichs, 1827-32 gelegt, verband Lyon mit Saint-Étienne. Am 15. Dezember bummelte zum erstenmal ein Zug die 58 km entlang in zweidreiviertel Stunden. 1898 wurde die erste Straßenbahn eingeweiht, Brücken und Bahnhöfe entstanden. Der Hügel Fourvière setzte der Stadt auch weiterhin im Westen eine Grenze. Auf der linken Rhôneseite begann Lyon dagegen kilometerweit zu wuchern. Nach den Urbanisierungsplänen des Architekten Jean-Antoine Morand entstand im Osten das Stadtviertel Brotteaux. Die Lyoner ließen sich in ihrem Wirtschaftswachstum auch vom Ersten Weltkrieg nicht stören. 1916, während der Schlacht von Verdun, fand die erste Frühjahrsmesse statt, mit 1342 Ausstellern, davon 142 ausländischen, eine ernste Konkurrenz für die Leipziger Messe. Da eine solide Gebäudekonstruktion notwendig wurde, baute man das 360 x 100m große Palais de la Foire.

Im Zweiten Weltkrieg fiel Lyon der Titel »Hauptstadt der Résistance« zu. In der Stadt war die Zentrale untergeschlüpft, die den Widerstand gegen das nazifreundliche Vichy-Regime und die deutsche Besatzung organisierte. Doch auch in Lyon wurde sie bei ihren Aktionen nicht stärker unterstützt als in anderen Städten. »Im ganzen zeichnete sich das religiöse und intellektuelle Leben in Lyon während des Krieges durch Stagnation und prononcierten geistlichen Konservatismus aus, der von einer Minderheit politisch Aktiver bekämpft wurde, die man später, nach der Befreiung, auf den ersten Platz erhob«, urteilte der Chronist Bernard Aulas. Diese Minderheit besaß Schlagkraft: In den 22 Monaten der Besatzung wurden in Lyon 66 Attentate und Bombenanschläge auf Nationalsozialisten verübt. Von de Gaulle aus London gelenkt, koordinierte Jean Moulin ab Januar 1942 den Widerstand in ganz Frankreich. Am 21. Juni 1943 wurde er aufgrund einer Denunziation in Lyon-Caluire verhaftet, was einer Enthauptung der Résistance gleichkam. Er starb, nach Deutschland verschleppt, im KZ. Verantwortlich für die Caluire-Aktion war der damalige Gestapochef Klaus Barbie, dem in Lyon 1987 wegen »Verbrechen gegen die Menschlichkeit« der Prozeß gemacht wurde. Zwei Wochen, nachdem die alliierten Truppen in der Provence gelandet waren, sprengten die Deutschen vor ihrem Abzug die Brücken Lyons. Am 1. September 1944 marschierte das Erste Französische Regiment unter General Brosset in die Stadt ein. *Lyon était liberée* – aber 8000 Lyoner waren durch den Krieg ums Leben gekommen.

Die Stadt erholte sich verhältnismäßig rasch von den Zerstörungen. Während der letzten Jahrzehnte führte die aufblühende Wirtschaft jedoch zu einer Invasion ausländischer Arbeitskräfte, was Lyon vor die auch aus deutschen Großstädten bekannten Integrationsprobleme stellt. Ein anderes Lyoner Problem ist der provinzielle Status, den Paris dem übrigen Frankreich aufzwingt. Um nur ein Beispiel zu nennen: Praktisch trägt jeder Franzose mit seinen Steuern den Ausbau der

Pariser Métro mit, die aus der Staatskasse finanziert wird. Die Groß-stadt Lyon mußte dagegen bis in die Gegenwart ihre Anschaffungen aus eigener Tasche bezahlen. Der Erfolg lokaler Wählervereinigungen läßt sich nicht zuletzt aus einer Opposition gegen den Pariser Zentra-lismus ableiten. Um seine Wiederwahl als Bürgermeister zu erleich-tem, hatte Louis Pradel (S.122) 1965 die Vereinigung »Pour La Réali-sation Active Des Espérances Lyonnaises« (Für die aktive Verwirklichung der Lyoner Hoffnungen), kurz P.R.A.D.E.L., einen überparteilichen Zusammenschluß seiner Anhänger gegründet. Auf diese Weise konnte er sich von Vertretern aller Parteien wählen lassen und eine geschlossene Opposition verhindern.

Nachfolger des 1976 verstorbenen Pradel wurde Francisque Collomb von der liberalen Giscardisten-Partei UDF. Der Sohn eines Textilar-beiters versuchte die unpolitische Tradition seines Vorgängers fortzu-setzen, wobei ihm alsbald wie diesem der Vorwurf der Ämterhäufung gemacht wurde. Der Ruf nach einem politischen Wechsel und einer Entkrustung des Systems wurde immer lauter. Doch nachdem die Lin-ke in dieser einst wichtigen Arbeiterstadt immer bedeutungsloser ge-worden war (Collomb war sogar mit Hilfe der KP gewählt worden, um dem »Rechtsaußen« Soustelle den Weg ins Rathaus zu versper-ren), die Rechtsradikalen des Jean-Marie Le Pen bei der Präsidenten-wahl von 1988 in Lyon einen beträchtlichen Stimmenanteil erhalten hatten, betrat bei den Kommunalwahlen vom Mai 1989 ein neuer Mann die Bühne, dem man noch eine große Zukunft voraussagt: Michel Noir. Der Kandidat der neogaullistischen Sammlungsbewe-gung (RPR) des ehemaligen Ministerpräsidenten Chirac erhielt 43,5% der Stimmen, während es der 78jährige Amtsinhaber Collomb nur auf 18% brachte. Auch aus der folgenden Stichwahl ging Noir als Sieger hervor.

Der Sieg des 48jährigen Noir, Sohn eines Lyoner Goldschmieds und Mitglieds der Résistance, der bereits in seiner Partei verschiedene Äm-ter bekleidet hatte (u. a. war er Außenhandelsminister in der Regie-rung Chirac), wurde als ein Ereignis mit Langzeitwirkung für die fran-zösische Innenpolitik bewertet. Man sah in Michel Noir bereits den potentiellen neuen Präsidentschaftskandidaten, nicht nur der neogaullistischen Sammlungsbewegung, sondern des gesamten bürgerlichen Lagers anstelle des bereits zweimal gescheiterten Chirac. Zumal Noir 1987, auf dem Höhepunkt des Barbie-Prozesses, jeglichem Zweckbündnis mit den Rechtsextremen eine klare Absage erteilt hatte. Im Dezember 1990 trat er allerdings aus seiner Partei aus, da er die RPR in ihrer jetzigen Struktur für ungeeignet hält, die dringend notwendige Erneuerung des nationalen politischen Lebens herbeizuführen. Bis jetzt hat seine *traversée du désert* (Alleingang durch die Wüste) zwar noch nicht den erhofften Erfolg gezeigt, aber bis zur nächsten Präsidentschaftswahl fließt erfahrungsgemäß noch viel Wasser nicht nur die Seine, sondern auch die Rhône und Saône hinunter.

Das Rathaus (Hôtel de Ville)

Sechs Lyoner Rundgänge

Sehenswürdigkeiten mit einer Ziffer in Klammern sind auf dem Stadtplan (S. 32/33) eingezeichnet und zudem im Kapitel »Lyon sur place«
ausführlicher beschrieben.

Erster Rundgang
Vieux Lyon – ein Freilichtmuseum der Renaissance
Rue Saint-Georges – Place de la Trinité – Rue Tramassac – Rue
Mourguet – Avenue du Doyenné – Rue Saint-Jean – Rue du Palais-
de-Justice – Rue des Trois-Maries – Place de la Baleine – Rue Saint-
Jean – Place du Gouvernement – Place du Change – Rue
Lainerie –Place Saint-Paul – Rue Juiverie – Rue de la Loge – Rue de
Gadagne – Rue du Bœuf – Rue de la Bombarde – Quai Romain
Rolland – Quai Fulchiron

Der Rundgang durch den ältesten Stadtteil Lyons beginnt an der
Église Saint-Georges (8), westlich der Saône, und führt durch die
Rue Saint-Georges in das Viertel der sogenannten Traboules (vgl. S.
135), für Lyon typische Hausdurchgänge, die Parallelstraßen miteinan-
der verbinden. Hier bauten Ende des 15. Jahrhunderts die italienischen Kaufmannsfamilien ihre Häuser, die das Straßenbild bis heute
geprägt haben. *Vieux Lyon* ist der größte erhaltene Renaissance-
Komplex Frankreichs. Die Innenhöfe mit ihrer raffinierten Treppen-
hausarchitektur lohnen den Abstecher, und manches Medaillon an der
Fassade verdient mehr als einen flüchtigen Blick. Vom Haus Nr. 11
grimmen drei Tiermasken herab. Sie könnten für Jean Cocteaus
Film »La Belle et la Bête« Modell gestanden haben.

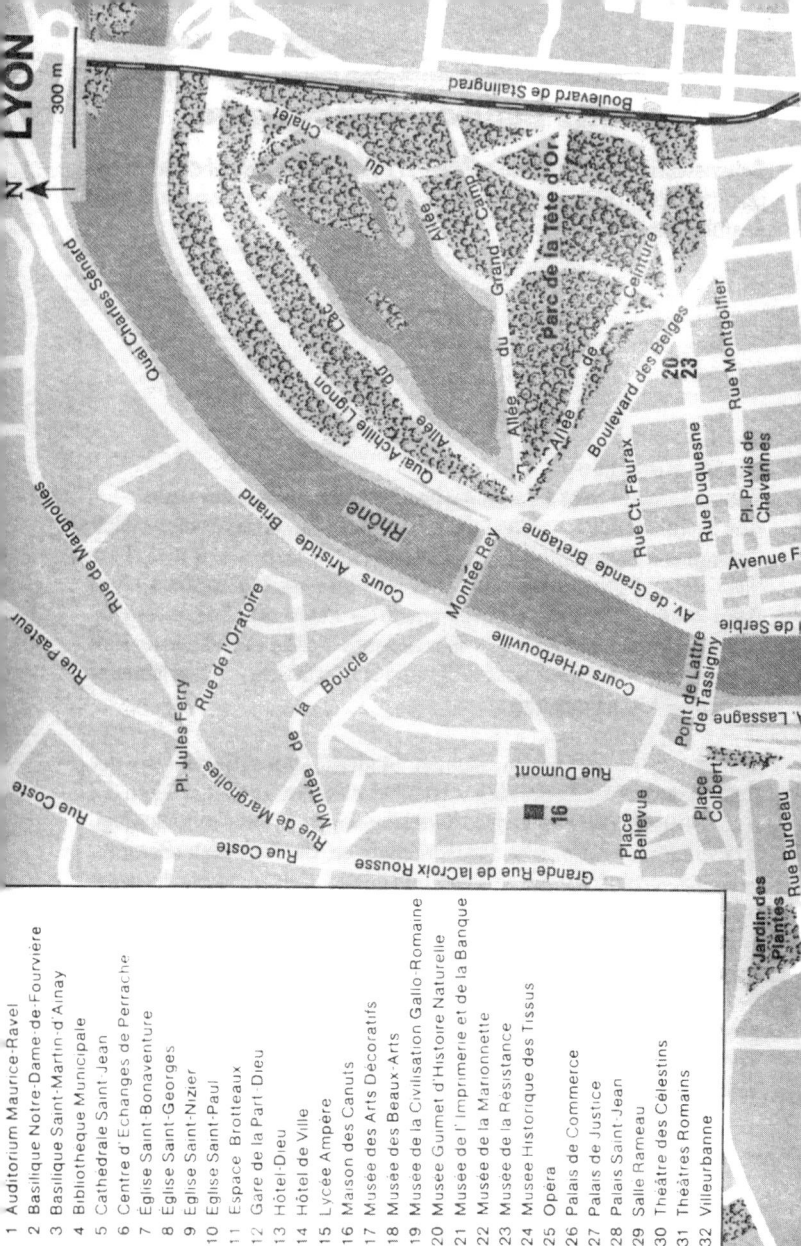

LYON

300 m

N

Boulevard de Stalingrad

Parc de la Tête d'Or

Quai Charles Sénard

Rhône

Cours Aristide Briand

Montée Rey

Av. de Grande Bretagne

Cours d'Herbouville

Rue de l'Oratoire

Pl. Jules Ferry

Rue Pasteur

Rue de Margnolles

Rue Coste

Montée de la Boucle

Rue de Margnolles

Grande Rue de laCroix Rousse

Rue Coste

Rue Dumont

Place Bellevue

Place Colbert

Pont de Lattre de Tassigny

de Serbie

A. Lassagne

Rue Burdeau

Jardin des Plantes

Allée du Grand Camp

Allée de Ceinture

Boulevard des Belges

Rue Ct. Faurax

Rue Duquesne

Pl. Puvis de Chavannes

Rue Montgolfier

Avenue F

20
23

16

1 Auditorium Maurice-Ravel
2 Basilique Notre-Dame-de-Fourvière
3 Basilique Saint-Martin-d'Ainay
4 Bibliothèque Municipale
5 Cathédrale Saint-Jean
6 Centre d'Echanges de Perrache
7 Eglise Saint-Bonaventure
8 Eglise Saint-Georges
9 Eglise Saint-Nizier
10 Eglise Saint-Paul
11 Espace Brotteaux
12 Gare de la Part-Dieu
13 Hôtel-Dieu
14 Hôtel de Ville
15 Lycée Ampère
16 Maison des Canuts
17 Musée des Arts Décoratifs
18 Musée des Beaux-Arts
19 Musée de la Civilisation Gallo-Romaine
20 Musée Guimet d'Histoire Naturelle
21 Musée de l'Imprimerie et de la Banque
22 Musée de la Marionnette
23 Musée de la Résistance
24 Musée Historique des Tissus
25 Opéra
26 Palais de Commerce
27 Palais de Justice
28 Palais Saint-Jean
29 Salle Rameau
30 Théâtre des Célestins
31 Théâtres Romans
32 Villeurbanne

Einige Schritte weiter öffnet ein schweres, mit Eisennägeln bewehrtes Tor den Weg durch ein 300 Jahre altes Haus (Haus Nr. 6). Die Traboule, seit kurzem leider durch eine Glastür verschlossen, führt über eine schöne Wendeltreppe auf die Montée du Gourguillon, Römerpfad des 1. Jahrhunderts, die eine Zeitlang Montée de Beauregard (Aufstieg zur Schönen Aussicht) hieß. Der heutige Name beschwört lautmalend die Märtyrerabschlachtung des 2. Jahrhunderts, wo das Blut hier in Strömen bis zur Saône hinuntergegurgelt sein soll. Unter dem Pflaster wurde 1670 ein antikes Mosaik gefunden, das einen Kampf zwischen Amor und Pan darstellt und im Musée de la Civilisation Gallo-Romaine (19) ausgelegt ist. Die Rue Saint-Georges endet auf der **Place de la Trinité**. Links lacht eine steinerne Sonne von der Fassade und erinnert an den früheren Besitzer des Gebäudes, einen Baron du Soleil. Viele Häuser Lyons haben Nischen für Heiligenbilder. Wegen der Häufigkeit übersieht man diese mit der Zeit völlig. Petrus und Maria in den Ecken des Sonnenhauses fallen dagegen schon durch ihre Größe auf.

Gegenüber mündet die **Rue Tramassac**, im Mittelalter eine der wichtigsten Straßen des Quartiers, deren für damalige Verhältnisse hohen Häuser Samuel Chappuzeaux zu einem mutigen Vergleich verführten: »Lyon kann zweifelsohne nicht mit Paris oder London konkurrieren, aber da die Gebäude beinahe alle sechs Etagen besitzen, gleicht die Stadt Konstantinopel oder Kairo dreimal aufeinander gepackt.«

An der Ecke der kleinen Gasse, die rechts abzweigt, hängen wieder einmal zwei Straßenschilder: die **Rue Mourguet** hieß früher Rue Saint-Pierre-le-Vieux und erinnerte damit an eine der ersten Kirchen Lyons aus dem 5. Jahrhundert. Was heute so proper-pittoresk aussieht, muß ehedem ein wahrer Saustall gewesen sein: Rue Pisse-Truie (Saupißgasse) lautete ein anderer ehemaliger Name, der sinnig die Tatsache veranschaulicht, daß früher neben den Menschen auch Schweine die Straßen zusauten. Heute übernehmen diesen Paß die Hunde.

Auf der **Avenue du Doyenné** gelangt man links zur **Place Saint-**

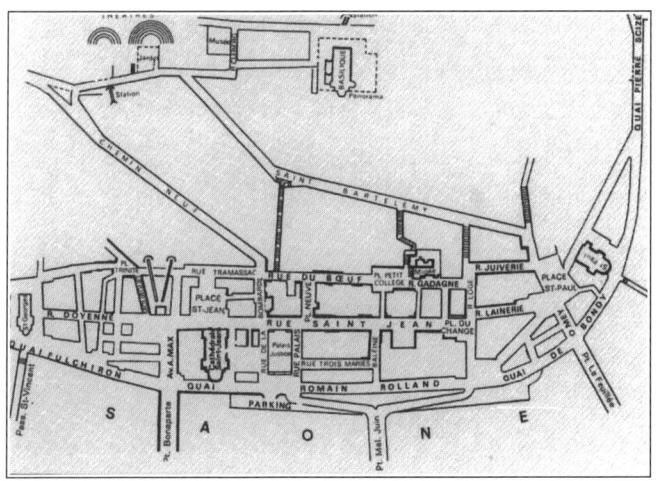

Jean mit der Johannes dem Täufer geweihten **Kathedrale** (5). Rechts neben dem Haupteingang liegt die **Manécanterie** (Chorknaben schule). Das rein romanische Gebäude, Überrest des Johannes-Klosters, wurde im 11. Jahrhundert errichtet und gehört mit der Klosterkirche Ainay zu den ältesten Bauwerken von Lyon. Am anderen Ende der Place Saint-Jean, in deren Mitte ein Brunnen die Taufe Christi darstellt, erinnert eine Gedenktafel an den Erdrutsch in der Nacht zum 13. November 1930, bei dem ein ganzer Häuserblock einstürzte. Nördlich der Kathedrale wurden die Fundamente des frühchristlichen Baptisteriums Saint-Étienne (4.-8. Jh.) und der romanischen Kirche Sainte-Croix freigelegt. Mit archäologischer Sorgfalt konserviert und ergänzt, dokumentieren sie den Wandel in der christlichen Architektur gemäß den Forderungen des Gottesdienstes.

Der Weg führt nun in die **Rue Saint-Jean**, heute wie vor 800 Jahren die Pulsader des Quartiers. Autos haben keinen Zutritt, und so kann man hier getrost Hans-guck-in-die-Luft spielen. Hinter den

Das Rathaus (Hôtel de Ville) *St. Jean*

Renaissance-Fassaden der Häuser öffnen sich oft mittelalterliche Höfe, deren Wendeltreppen das Interesse des Besuchers wecken. Das 1516 im spätgotischen Stil gebaute **Hôtel de la Chamarrerie** (Haus Nr. 37) besitzt eine der ältesten Fassaden. Nach Abschluß der Renovierungsarbeiten soll hier ein Renaissancemuseum eingerichtet werden. Ein paar Schritte weiter am Haus Nr. 66 tut sich ein Eichhörnchen an einer Nuß gütlich. Rechter Hand die Rückseite des **Palais de Justice** (27), dessen pompöse neoklassizistische Front auf die Saône blickt. Während des spektakulären Prozesses um den ehemaligen Chef der Lyoner Gestapo, Klaus Barbie, wurde er zum Fluch und Segen des Quartiers. Straßensperren und strengste Sicherheitsmaßnahmen verdarben den 243 Ladenbesitzern des Viertels monatelang das Geschäft. Die Gastwirte jedoch rieben sich die Hände: neunhundert Journalisten aus aller Welt mußten zweimal täglich gespeist werden, und so mancher hat sich an dem Barbie-Prozeß eine goldene Nase verdient.

Rechts: Hôtel Paterin, ein typisches Lyoner Renaissancehaus

Auf der breiten **Rue du Palais-de-Justice**, ehedem Rue des Fouettés, wurden die Delinquenten in direkter Vollstreckung des Urteils ausgepeitscht. Heute kann man ungestäupt die Straße bis zur **Rue des Trois-Maries** hinunterlaufen. Die Lyoner haben's gern dreifach. So gibt es eine Straße der drei Artischocken, der Drei Könige, der drei Kinder, der drei Häuser, der drei Steine, der drei Passagen und hier nun der drei Marien. Gemeint sind die Heiligen Maria Salomé, Maria Jakobäa und Maria Magdalena. Spinnwebgekleidet grüßt das Damentrio aus einem Relief über dem Eingang Nr. 7; eine von ihnen ist kopflos. Einen Blick auf das frisch verputzte Nachbarhaus mit Ziehbrunnen und Traboule auf den Quai kann man noch riskieren, bevor man die **Place de la Baleine** betritt. In grauer Vorzeit soll hier ein Walfischskelett geschlummert haben. Eine andere Interpretation leitet den Namen von den flachen Saônekähnen, den *baleines,* ab, die im nahen Hafen vor Anker lagen. Im Haus Nr. 5 ist die Gesellschaft »Renaissance du Vieux Lyon« untergebracht, der dieses Viertel seine Rettung vor dem Bulldozertod verdankt. Am oberen Ende des Platzes betritt man durch eine Traboule die **Maison Laurencin** (Haus Nr. 24), deren feingemachtes Hinterhoftreppenhaus, ein besonders schönes Beispiel der Renaissance-Architektur, abends von einer zehnköpfigen Scheinwerferbatterie angestrahlt wird.

Auf der **Rue Saint-Jean** siedeln sich in zunehmender Anzahl modische Boutiquen im Stil Saint-Germain-des-Prés an. Es wird nicht mehr lange dauern, bis auch die ersten Andenkenläden hier einziehen. An der **Place du Gouvernement** wohnten im **Hôtel du Gouvernement** (Nr.2), das mit dem Quai trabouliert, bis 1734 die Gesandten der Monarchen. Im Jahre 1656 stieg Christine von Schweden hier ab. Selten im Vieux Lyon: Haus Nr. 5 mit dem Treppenhaus in der Mitte der Fassade. Bevor man ein Prachtexemplar Lyoner Renovierkunst, die **Maison Thomassin** aus dem 14. Jahrhundert an der **Place du Change**, in näheren Augenschein nimmt, schaue man sich die Front von Nr. 7 mit maurisch anmutenden Fensterbögen an. Die **Loge du Change**, heute protestantische Kirche, wurde 1749 von Jacques-Germain Soufflot und Jean-Baptiste Roche erbaut.

Bereits die Architektur des Gebäudes deutet auf die ehemalige Funktion als Wechselstube, den finanziellen Mittelpunkt der Stadt. Die Fassade wird von fünf großen Eingangspforten durchbrochen, die den Geldwechslern einen regen Publikumsverkehr sicherten. Den mittelalterlichen Hauptmarkt davor beleben heute Restaurants mit ihren Tischen.

In der **Rue Lainerie** findet man außer einer feingeschnittenen Renaissancefassade (Haus Nr. 14) die abenteuerlichste Treppenkonstruktion des gesamten Viertels (Haus Nr. 10): Wie alle anderen windet sie sich in Schneckenhausmanier nach oben, besitzt aber keinen Mittelpfeiler. Wer schwindelfrei ist, mag diese Spirale hoch- und vor allem wieder hinunterklettern.

Bevor die Straße auf die **Place Saint-Paul** führt, liegt rechter Hand das **Théâtre Guignol Mourguet**. Laurent Mourguet, der Erfinder des französischen Marionettentheaters mit seiner Kasperlefigur Guignol (S. 135), wohnte 37 Jahre lang im Eckhaus Nr. 2. Dann gelangt man auf den Platz mit der kleinen gotischen **Église Saint-Paul** (10), auf die man vom Bahnsteig der Gare Saint-Paul aus den besten Blick hat.

Der Rundgang führt nun in südlicher Richtung zurück durch die **Rue Juiverie**, über viele Jahrhunderte die Hochburg der reichen jüdischen Bourgeoisi. Ein herrliches Bild vom Protz vergangener Zeiten gibt das **Hôtel Paterin** (Haus Nr. 4), ein eindrucksvoll geräumiges Stadthaus. Die Großartigkeit der Anlage erschließt sich besonders der Rückseite an der Montée Saint-Barthélemy. Die Fassadenkosmetiker haben wieder einmal ein Kunststück vollbracht, was Henri IV. aus seiner Nische mit Wohlwollen quittiert. Bemerkenswert ist auch das Haus Nr. 8 wegen seiner genialen Treppengalerie mit dorischen Säulen, Kunstwerk Philibert de l'Ormes (1510-70), eines Lyoner Baumeisters und Architekturtheoretikers, das er 1536 nach seiner Rückkehr aus Italien schuf. Das Besondere seiner Konstruktion war, daß die Galerie zwei Flügel des Hauses verband, ohne dabei mit Pfeilern auf dem Hof zu lasten. Erst später hat man aus Sicherheitsgründen eine Mittelstütze eingesetzt. (Diesen Innenhof kann man übrigens auch mit

Rechts: Die Tour Rose im Vieux Lyon

geschlossenen Augen finden, indem man sich der Nase nach zum Tor des Restaurants Baladin durchtastet.) Schräg gegenüber der lauschig kleinen, lausig verdreckten Ruelle Punaise (Wanzengasse) wacht ein Dutzend wilder Fabeltiere über die Fassade der ehemaligen **Maison Baronnat** aus dem 15. Jahrhundert. Der Weg führt weiter die **Rue de la Loge** hinunter und nach 20 Schritten in die **Rue de Gadagne**. Hinter den Renaissance-Fenstern des **Hôtel de Gadagne** sind das **Historische Museum** und das **Marionettenmuseum** (22) untergebracht. Ihr Eingang liegt an der Place du Petit Collège.

Weiter geradeaus beginnt die **Rue du Bœuf**. Am desolaten Zustand dieser Straße entzündeten sich einst die Bemühungen der »Renaissance du Vieux Lyon«. 1945 wurde eines ihrer Häuser für 1 Franc offeriert, Bedingung: seine unverzügliche Instandsetzung. In den 70er Jahren wurde das ganze Viertel unter Denkmalschutz gestellt, doch es dauerte noch einmal zwanzig Jahre, bis die Häuser tatsächlich dem Verfall entrissen wurden. Das Innere des Petit Collège (Haus Nr.6) etwa, zeigte 1982 noch ein Bild absoluter Verwahrlosung. Was man aus solch einem Hof machen könnte ...! – Inzwischen hat man gemacht: ein 4-Sterne-Luxushotel mit Schwimmbad und Terrassengarten. Der Hof wurde vollkommen glasüberdacht und dient als Rezeption. Ein weiteres Renovierungsprunkstück des Quartiers ist die **Tour Rose**, ein paar Schritte weiter im Innenhof der Maison du Crible (Haus Nr. 16), dankbares Postkarten- und Fotomotiv. Es gibt übrigens eine alte Fotografie zum Vergleich: vorher – nachher. Den rotverputzten Turm umwehen die Düfte des gleichnamigen Restaurants. Süditalien ist gegenwärtig. Etwas weiter an der **Place Neuve-Saint-Jean** steht ein ähnlich gelungener Treppenturm, diesmal in Rosé. Er gehört zum Haus Nr. 40 der Rue Saint-Jean. Noch einen Blick auf die Pinienzapfen der gotischen **Maison des Vistes** (Haus Nr. 29), dann führt der Weg zurück in die **Rue du Bœuf**. Sie erhielt ihren Namen von dem steinernen Ochsen an der Hausecke zum Platz. Das neckische Jagdstilleben an der Nr. 19 ist den Jahrhunderten zum Trotz tadellos erhalten. Joggern sei noch die Montée des Chazeaux empfohlen, die 250 Stufen ansteigt und einen nicht zu verachtenden Blick über die Dächer von Lyon gewährt. Früher hieß diese steile Treppe sinnigerweise Montée de Tire-cul (Zeig-den-Arsch). Auf der **Rue de la Bombarde** gelangt man an einem Boules-Platz vorbei auf die Uferpromenade, die nach rechts zum Ausgangspunkt, der **Église Saint-Georges** (8), zurückführt.

Zweiter Rundgang
Auf den Hügel von Fourvière

Passerelle Saint-Georges – Montée des Épies – Montée du Gourguillon – Place des Minimes – Rue de l'Antiquaille – Montée du Fourvière – Funiculaire – Avenue Adolphe-Max – Pont Bonaparte – Quai Tilsitt

Dieser Rundgang zur Spitze des Hügels Fourvière nimmt seinen Anfang auf der Brücke **Passerelle Saint-Georges**, die sich zur **Église Saint-Georges** (8) hin leicht und schwungvoll über die Saône biegt. Man sollte einen Augenblick auf der Mitte des hölzernen Bogens verweilen und sich sanft hin- und herwiegen lassen. Die Schwingungen vergegenwärtigen einem das Gefühl, das die Lyoner des Mittelalters auf ihren Hängebrücken gehabt haben müssen, bevor 1076 der erste Versuch aus Stein in Angriff genommen wurde. Daß die Deutschen, als sie 1944 aus der Stadt abzogen, sämtliche Brücken zerstörten, haben ihnen die Lyoner lange nicht verziehen. Man wird das sofort verstehen, wenn man einmal an den Ständen der Bouquinisten die Kästen mit den Ansichtskarten der Jahrhundertwende durchblättert: Über Lyons Flüssepaar schwangen sich nicht nur die meisten, 23 an der Zahl, sondern auch die schönsten Brücken Frankreichs. Historische Reminiszenzen werden aber schnell wieder von der Gegenwart eingeholt. Am anderen Ufer, da, wo früher die Pferde die Schiffe flußauf zogen, leuchten mitunter, so die Stadtväter nicht gerade mal wieder Großputz gemacht haben, einschlägige Parolen (inactiv aujourd'hui, radioactiv demain) von den Mauern.

Von der Passerelle hat man im Winter einen guten Blick auf das älteste Viertel Lyons, das sich unterhalb der Kirche **Notre-Dame-de-Fourvière** (2) den Hang entlangzieht. (Den Rest des Jahres verstecken die Alleebäume die Aussicht.) Mit 295 m ist der Hügel ein wenig höher als der von Croix-Rousse (250m). Der Gegensatz der Bewohner war seit Gründung der Stadt groß: Auf der einen Seite Fourvière/Lugdunum: Residenz der römischen Aristokratie, auf der anderen Croix-Rousse/Condate: »Barbaren«- und Sklavenwohnstätte. Im 12. Jahrhundert wurde auf dem Hügel von Fourvière die erste Kirche zu Ehren der Gottesmutter errichtet. Während diese Stätte sich zur Hochburg der katholischen Kirche in Frankreich entwickelte, wurde der andere Hügel zum Pulverfaß für Aufstände. Weihrauch und Schweiß vertragen sich so wenig wie Kleriker und *canuts.* Kurz vor dem ersten Weberaufstand beschrieb der Historiker Jules Michelet diese beiden Welten: »Die einen glauben an das Lyon der Wunder, an die Hilfe der Nächstenliebe: Sie suchen den Priester auf, Verteiler der

Ausflugsdampfer auf der Saône

Blick vom Fourvière-Hügel auf Lyon

Almosen der Reichen. Die anderen verlangen nicht nach Gnade und launischer Gunst und glauben einzig an die Arbeit ihrer Hände.« Zahlreich sind die Scherze über die leeren Hände, die Machtlosigkeit der goldenen Madonna auf der Spitze der Kirche Notre-Dame-de-Fourvière. So wußten die Lyoner zum Beispiel die klassische Haltung eines Napoleon-Standbildes – den rechten Arm in die Weste geschoben – mit folgendem Dialog zu erklären: »J'ai mal au cœur« (Ich hab' Herzschmerzen), sagt der Eroberer. »Que veux-tu que j'y fasse?« (Und was kann ich daran ändern?), antwortet die Jungfrau. So haben sich die Zeiten geändert: Als Lyon 1643 an der Pest zu sterben drohte, erhörte die Gottesmutter die Gebete der Gläubigen und avancierte dadurch zur Schutzpatronin der Stadt. 1870, als die Preußen in Frankreich einmarschierten, gelobte Erzbischof Ginoulhiac eine Kirche zu bauen, wenn die Jungfrau noch einmal ihre schützenden Hände über Lyon breiten würde. Die Preußen kamen nur bis Dijon, und schon 1872 wurde mit den Bauarbeiten begonnen.

Die Théâtres Romains mit dem Musée de la Civilisation Gallo-Romaine

Um das, was dabei herauskam, aus der Nähe zu sehen, folge man nun dem Weg über die Brücke und geradeaus die **Montée des Épies** hoch. Diese geht in eine Treppe über, und nach 144 Stufen steht man auf der **Montée du Gourguillon** (vgl. auch S. 34). Auf ihr soll Anfang des 14. Jahrhunderts Papst Klemens V. beim Abstieg knapp mit dem Leben davongekommen sein. Eine einstürzende Mauer begrub mehrere Kardinäle; König Philipp der Schöne, der den Zug begleitete, wurde leicht verletzt, und die Tiara des Papstes rollte die Gasse hinunter. Angeblich hat sie dabei einige Edelsteine eingebüßt, die bis heute nicht gefunden wurden. Wer beim Weitergehen noch Interesse für etwas anderes als die Spalten des Kopfsteinpflasters aufbringt, möge einen Blick auf das efeuüberzogene Haus Nr. 42 werfen mit seinem sonnengelben Treppentürmchen neben der von Eidechsen bewohnten alten Mauer. Einige hundert Meter weiter oben mündet der Aufstieg in die **Place des Minimes**, an dem früher ein Kloster der Minoriten lag. Auf dem Platz wurden unter Kaiser Severus 19 Märtyrer enthauptet. Die Stätte wird heute von der Montée du Chemin Neuf durchschnitten. Sie ist die Hauptauffahrt für Autos und ein veritabler Alptraum für den, der sich zu Fuß auf sie verirrt. Zwischen der Mauer und einer Autokolonne bleibt auf dem halbmeterschmalen Bürgersteig nicht mehr viel Sauerstoff zum Atmen.

Rechter Hand zweigt die **Rue de l'Antiquaille** ab, an der eines der größten Ausgrabungsfelder Frankreichs, die **Théâtres Romains** (31), liegen. Vor 2000 Jahren erhoben sich an dieser Straße die Kaiserpaläste, in denen Augustus, Caligula, Domitian und Severus gewohnt haben und Claudius und Caracalla geboren wurden. Etwas höher, an der **Place de l'Antiquaille**, erbaute Pierre Sala um 1500 ein erstes Museum für alles, was man bis dahin an gallisch-römischen Trümmern ausgegraben hatte. Das heutige **Musée de la Civilisation Gallo-Romaine** (19) duckt sich flach im einfallslosen Betonstil am Ende der Rue Cléberg, die links vom Platz abzweigt. Man lasse sich

Das altrömische Grand Théâtre faßte 10 000 Zuschauer

47

durch den Bunkereindruck nicht abschrecken. Außen banal und innen genial umschließen die Mauern eine Innenarchitektur, die allein schon den Museumsbesuch lohnt. Die Rue Cléberg erhielt ihren Namen übrigens nach Hans Kleberg, auch »der gute Deutsche« genannt, einem der ersten Wohltäter der *charité*. Die ihm zu Ehren errichtete Statue »L'homme de la roche« gab einer der 23 Brücken ihren Namen. Und ausgerechnet diese Brücke haben die Deutschen als einzige nicht gesprengt.

Weiter geht es die **Montée du Fourvière** hinauf. In einem ehemaligen Jesuitenkonvent wurde die erste Musikhochschule Frankreichs untergebracht. Am Ende der Straße ist man schließlich zu Füßen »Unserer Lieben Frau von Fourvière« (2) angelangt. In 24 Jahren unter der Leitung des Lyoner Architekten Pierre Bossan errichtet und während der folgenden Jahrzehnte weiter ausstaffiert, ist die Basilika innen wie außen ein selten vollkommenes Beispiel des romanisch-gotisch-byzantinischen Mischstils, über den der Fin de siècle-Dichter Joris-Karl Huysmans das Urteil fällte: »C'est asiatique et barbare.«

An ihrer Nordseite weitet sich ein Aussichtsplateau, von dem man einen unvergleichlichen Blick hat: Bei klarem Wetter kann man die Passanten auf der Place Bellecour zählen oder sich vergewissern, ob auf den Alpen noch Schnee liegt.

Für den Abstieg bieten sich mehrere Möglichkeiten. Entweder mitten durchs Grüne auf dem Zick-Zack-Weg du Rosaire, dessen Pforte an der Aussichtsplattform allerdings nicht immer geöffnet ist. Oder gen Norden die Montée Nicolas-de-Lange bis zur Place Saint-Paul hinunter. Diese Straße führt an der **Tour Métallique** vorbei, dem kleinen Bruder des Pariser Eiffelturms. Der 1893 für eine Ausstellung erbaute 85 m hohe Turm dient heute als Antennenträger fürs Fernsehen.

Die dritte Möglichkeit: »On prend la ficelle«, wie man hier sagt. *La ficelle*, das Seil, offiziell *funiculaire*, ist eine Bahn, die von Saint-Jean durch einen Tunnel herauffährt. Der Bahnhof liegt gegenüber dem Haupteingang der Kirche. Die Abfahrt endet oberhalb der **Avenue Adolphe-Max**, der man – vorbei am **Palais Saint-Jean** (28) – hinunter zum **Pont Bonaparte** folgt. Der Brückenname sowie eine

Rechts: Blick von der Kathedrale hinauf zur Notre-Dame-de-Fourvière

Gedenktafel am zweiten Haus gegenüber der Brücke ehren Napoleon, der, wie schon erwähnt, 1815 bei den Einwohnern mit dem Satz »Lyoner, ich liebe euch«, um Sympathie warb. Eine Gedenktafel für Johannes Paul II. steht dagegen noch aus. Sein Besuch im Jahr 1986 bescherte den Lyonern wieder einmal einen der begehrten »historischen Augenblicke«. Seit 1804 hatte die Stadt keinen päpstlichen Besuch mehr erhalten. Nun wollte sie sich nicht lumpen lassen. Während des Konzerts von Jean-Michel Jarre, der Krönung der Visite, projezierten drei Laser den Papst im Riesenformat auf die Fassaden der Saône-Quais. Fünf Millionen Francs kostete die Super Show, bei der 250 m³ Lautsprechervolumen die Fourvière-Kulisse beschallten. Johannes Paul II. erschien den Lyonern aus einer Wolke von Polizisten. 4000 Gendarme hatten acht Monate für den Besuch geprobt, schließlich galt es einer Prophezeiung des Nostradamus vorzubeugen. Dieser hatte geweissagt, daß einst in einer Stadt, in der zwei Flüsse sich vereinen, ein Papst ums Leben kommen werde.

Der Weg führt auf dem **Quai Tilsitt** flußabwärts zurück zur Passerelle Saint-Georges.

Dritter Rundgang
Das Weberviertel Croix-Rousse – Lyon à part
Hôtel de Ville – Rue Romarin – Rue Saint-Polycarpe - Place du Forez – Rue des Capucins – Rue Donnée – Rue Coysevox – Rue René-Leynaud – Montée du Perron – Place de Chardonnet – Rue Camille-Jordan – Rue Imbert-Colomès – Montée Saint-Sébastien – Place Colbert – Place Bellevue – Boulevard de la Croix-Rousse – Rue des Pierres-Plantées – Montée de la Grande-Côte – Rue des Tables-Claudiennes – Montée de l'Amphithéâtre – Place Sathonay – Rue de Fargues – Rue Fernand-Rey – Rue du Sergent-Blandan – Rue de la Martinière – Rue Terme – Place des Terreaux

Während der Hochkonjunktur der Seidenindustrie zu Anfang des 19. Jahrhunderts klapperten in den Werkstätten auf dem Hügel Croix-

Das WeberviertelCroix-Rousse zwischen Saône und Rhône

Rousse im Norden Lyons 60 000 Handwebstühle. Mit der Einführung des mechanischen Webstuhls wurden die *canuts* überflüssig. Nur in wenigen Ateliers wird heute noch manuell gearbeitet, doch besitzt die **Maison des Canuts** (16) eine kleine Werkstatt, in der auf original Jacquardstühlen an der Seidentradition fortgewebt wird. Seit die *bistanclaques* (lautmalender Name für Webstühle) verstummt sind, ist es still in den Gassen geworden. In den letzten Jahrzehnten verwahrloste ein Teil der Häuser. Die überhohen Wohnungen, früher eine Notwendigkeit für die 3-m-Webstühle, sind inzwischen unrentabel geworden. Wegen der astronomischen Heizkosten, dem fehlenden Komfort und den unzureichenden sanitären Anlagen werden sie ausländischen Arbeitern überlassen, die darin eher hausen als wohnen. Erst in jüngster Zeit hat Lyon sich seiner Slums erinnert. Seitdem gehören Bauzäune zum Straßenbild.

Geht man vom **Hôtel de Ville** (14) auf der **Rue Romarin** bis zur **Rue Saint-Polycarpe**, liegt rechts die **Maison de la Condition**

des Soies, (Seidenweberkammer). Die Fassade mit dem Bronzerelief zu Ehren Louis Pasteurs, der neben vielen anderen Verdiensten durch seine Erforschung der Seidenraupenkrankheiten die Seidenzucht gerettet hat, ist unversehrt. Das Innere des 1806 errichteten Gebäudes wurde 1982 zu einem Sozial- und Kulturzentrum ausgebaut, das unter anderem eine Bibliothek beherbergt.

Von der **Place du Forez**, um die sich noch heute die Stoffabrikanten drängen, führt der Weg rechts in die **Rue des Capucins**: 1528 grub ein Freizeitgärtner in seinem Weinberg zwei Scherben der legendären Bronzetafel des Kaisers Claudius aus (heute im Musée de la Civilisation Gallo-Romaine). In Haus Nr. 23 begann ehemals die traditionelle Traboules-Wanderung zum Gipfel der Croix-Rousse, bei der die Straßen nicht durchwandert, sondern nur von Haustür zu Haustür überquert wurden. »C'est pas de passer par les traboules que vous fait rencontrer de beau monde« (Man trifft nicht gerade die feinen Leute in den Traboules), sagt man, und die Geschichte gibt dem Volksmund recht: Seit jeher sind diese Durchgänge eine Fluchtchance für Verfolgte gewesen, so 1831 und 1834 für die aufständischen Weber oder 1944 für die Résistance-Kämpfer. Heute ist die Traboules-Kette jedoch schon nach dem ersten Durchgang zur **Rue Donnée** Nr. 4 unterbrochen, da die gegenüberliegende Nr. 3 »privatisiert« wurde.

Statt dessen folgt man also der Straße nach rechts bis zur **Rue Coysevox** und geht gleich darauf links in die **Rue René-Leynaud**. Die Apsis der **Église Saint-Polycarpe** zierte einst ein »Heiliges Abendmahl« von Louis Janmot (S. 120). Die Treppengasse rechts neben der Kirche durch das Haus Nr. 27 und weiter die 49 Stufen der **Montée du Perron** hinauf, erreicht man die **Place de Chardonnet**. Kurzatmige finden Schatten und Bänke um zu verschnaufen. In der Mitte des Platzes prangt der Kopf von Monsieur Louis-Marie-Hilaire Berigaud Comte de Chardonnet de Grange, ein Name, so lang wie die ihm zu Ehren errichtete Wand. Er hat die Kunstseide erfunden. Weiter geht's die **Rue Camille-Jordan** hinauf bis zur **Rue Imbert-Colomès**, wo sich in Haus Nr. 29 der Weg in eine typisch Croix-Roussianer Hinterhausidylle öffnet: Unter einem Streifen Himmelblau

Traditionelle Seidenweberei im Croix Rousse

drängen sich enge, hohe Häuser mit bunten Lumpen auf der Wäsche-leine. Flora Tristan, romantische Revolutionärin der Arbeiterbewe-gung, klagte 1844 in einem Brief aus Lyon: »Die Atmosphäre dieser kleinen Gassen, naßkalt, schmutzig, düster, läßt mich erstarren. Hier muß man, um den Himmel zu sehen, auf der Straße anhalten, den Kopf verrenken, und dann erkennt man ein Stückchen zwischen zwei hohen Mauern.« Man gewinnt tatsächlich den Eindruck, in einen Freiluftkerker geraten zu sein. Auf dem blankgelaufenen Katzenkopf-pflaster geht es zum Ausgang in der Nr.14, **Montée Saint Sébastien**.

Der Blick über den Schornsteinwald zur Rhône hinunter erinnert an Montmartre.

Weiter hinauf an der **Kirche Saint-Sébastien** liegt die **Place Colbert**. Im Hof des Hauses Nr. 9, der **Cour des Voraces**, schlugen 1831 Regierungstruppen den Weberaufstand nieder. Das offene Treppenhaus, eine gewagt schräge Konstruktion, begünstigt in außergewöhnlicher Weise den Informationsaustausch im Haus: Auf allen Stockwerken kann man dem Klatsch der Nachbarn zuhören. Rechts an der Kirche mit Natursteinfassade vorbei, endet die Straße auf dem Hügelgrat in 250 m Höhe. Ein Blick von der **Place Bellevue** hält, was der Name verspricht. Wer glaubt, daß Obelix den großen Fels in der Mitte des Platzes vergessen hat, der irrt. Der **Gros Caillou** ist nichts anderes als das Herz von Jean Tormente, von Beruf Gerichtsvollzieher: Er erwies sich als so mitleidlos gegenüber dem Elend der Weber, daß er, während andere Menschen ihr Herz auf dem rechten Fleck tragen dürfen, sein steinernes als ständig größer werdenden Fels vor sich herrollen mußte Diese Strafe hatte ihm der liebe Gott aufgebrummt, der damals noch ab und zu auf der Croix-Rousse zu Besuch war. Wem diese Geschichte zu unwahrscheinlich klingt, der glaubt vielleicht an die Erklärung, daß der Gros Caillou 1890 aus der Rhône gefischt wurde. Zum Andenken an die Eiszeit, die ihn hergeschoben hat, wurde er ein Jahr später bei der Einweihung der ersten *funiculaire* auf diesen Platz transportiert.

Den **Boulevard de la Croix-Rousse**, geräumig und baumbepflanzt, säumen renovierte Hauser mit entsprechend teuren Mietwohnungen. Er verbreitert sich nach einigen hundert Metern zur **Place de la Croix-Rousse**. Meister Jacquard (S. 120), von seinem angestammten Zuhause auf der Place Sathonay hier hinauf verwiesen, konnte im Frühling 1981 ein staunenswertes Spektakel verfolgen: Da gruben Bauarbeiter fünf ausgewachsene Platanen aus, dichteten die Wurzeln mit einer Plastikmasse ab, hievten sie per Kran vorsichtig auf bereitstehende Lastwagen und fuhren davon. Wahrend andere Städte, wenn es um den Ausbau ihrer Untergrundbahn geht, mit Bäumen meist kurzen Prozeß machen, wagte Lyon das kostspielige Experiment einer Verpflanzung. 6000 Francs ließ sich die Stadt das Überleben jedes einzelnen dieser Bäume kosten. Keine fünf Jahre waren seitdem vergangen, als die Platanen der Croix-Rousse erneut Besuch bekamen; diesmal ging es um eine Schönheitskur mit 120 Injektionen, durch die der Boden rings um die Wurzeln mit Nährstoffen angereichert wurde. Über den Erfolg des »doping«-Experiments läßt der Wuchs der Bäume keinen Zweifel. – Auf der Rue du Mail hinter dem Rücken Jacquards kann man einen Abstecher zur **Maison des Canuts** (16) unternehmen.

Der Rundgang führt nun zurück auf der **Rue des Pierres-Plantées** zur **Montée de la Grande-Côte**. Die Aussicht nach Fourvière hinüber ist noch völlig unverbaut. Statt Häusern dehnen sich Gärten zu beiden Seiten der Straße.

Nach rechts gelangt man auf der **Rue des Tables-Claudiennes** zum Amphithéâtre des Trois-Gaules, dessen Erde 1986 durch päpstlichen Kuß gesegnet wurde; es handelt sich um den Schauplatz des Martyriums der ersten Lyoner Christengemeinde. Durch einen Park mit altem Baumbestand führt der Weg zur **Montée de l'Amphithéâtre** hinunter und am Standesamt vorbei zur **Place Sathonay**. Das Denkmal eines gewissen Sergeanten Blandan, um dessentwillen Jacquard auf die Spitze des Hügels umziehen mußte, wurde 1900 eingeweiht. Die beiden ursprünglich in Bronze gegossenen Statuen hat man im Zweiten Weltkrieg eingeschmolzen und später in einer Steinkopie neu aufgestellt. Blandan marschiert, auf dem Rücken den Ranzen, auf den Lippen den Spruch: »Courage mes amis! Defendez-vous jusqu'à la morte.« Die Marmorstufen des Monuments sind inzwischen krummgesessen, denn unter dem Blätterdach der umstehenden Kastanien läßt es sich gut schwätzen.

Neben dem Café de la Mairie geht's auf der **Rue de Fargues** zur **Rue Fernand-Rey**. Man versäume nicht einen Blick in den Hinterhof des Hauses Nr. 12: die kunstvollen Geländer auf allen Etagen sind handgeschmiedet. Dieses Viertel ist voll versteckter Eigentümlichkeiten: hier ein Stückchen Jugendstil, dort ein Rest von Renaissance, und alles im Zustand jener Verwahrlosung, die das Entdecken so reizvoll macht.

Nach rechts durch die **Rue du Sergent-Blandan** führt der Weg über die **Place Saint-Vincent** zur **Rue de la Martinière**. Nicht nur am späten Nachmittag lohnt sich ein Abstecher zur Saône, in deren Wasser sich die Häuser spiegeln. Die Pastelltöne der Fassaden leuchten bei Sonnenuntergang warm auf, und wieder glaubt man sich viel weiter südlich. Unter der kleinen Brücke haben in vorautomobilen Zeiten die Pferde gebadet.

Links führt die **Rue de la Martinière** zum Gymnasium Martinière, von General Claude Martin (1735-1800) gestiftet, um mittellosen Arbeiterkindern eine Ausbildung zu ermöglichen. In einem Denkmal verewigt, blickt der Wohltäter mahnend auf sein Werk: »Labore constantia!« Folgt man der Straße, vorbei an der glänzend schwellenden Ornamentik der **Salle Rameau** (29) – passionierte Queue-Schieber sollten sich in die Académie de Billard im gleichen Gebäude absetzen –, erhebt sich links das weibliche Pendant zur Martinière. Wie sich das für eine echte Jungmädchenschule gehört, rankt sich hier alles recht zierlich (1906 gebaut). Die Fassade der Jungenschule mutet dagegen wie eine Kaserne an. Die Straße weiter bis zur **Rue Terme** und auf dieser rechts gelangt man zurück zum **Rathaus** (14) auf der **Place des Terreaux**.

Vierter Rundgang
Lyons Geschäfts- und Einkaufsviertel
Place Bellecour – Rue Émile-Zola – Place des Jacobins – Rue de Brest – Rue Mercière – Rue des Bouquetiers – Rue Paul-Chenavard – Place des Terreaux – Rue Joseph-Serlin – Rue de la République – Rue de la Poulaillerie – Rue Président-Édouard-Herriot – Rue Grenette – Place de la République – Rue Marcel-Gabriel-Rivière – Rue Confort – Rue Louis-Paufique – Rue de la République

Ausgangspunkt des Bummels durch die Innenstadt ist die **Place Bellecour**, der »Rote Platz« von Lyon mit 306,50 x 207 m so groß wie ein Fußballfeld und geradezu wie geschaffen für Militärparaden.

Die Place Bellecour beeindruckt durch ihre Dimensionen

La France liebt die Repräsentation. Hier wird tagsüber getratscht und abends gebolzt – scharenweise jagen Kinder hinter dem Ball her. Während es inzwischen ein lebensgefährliches Unternehmen ist, in der Hauptverkehrszeit die Pariser Place de la Concorde zu überqueren, liegt Bellecour so friedlich da wie zu Zeiten Louis' XIV. Die Autos haben schön brav drumherum zu fahren, und die Lyoner müssen sich weder um ihre Kinder noch um ihre Hunde ängstigen. In den zwanziger Jahren stand sommers ein Heer von Liegestühlen bereit, den Städtern fehlende Gartengemütlichkeit zu ersetzen. Heute sitzt nur noch Louis XIV. auf seinem Denkmal inmitten des Platzes bequem. Die wenigen steinernen Bänke unter den Kastanien bieten nicht annähernd den Komfort vergangener Zeiten; Mietstühle werden nur an heißen Sommernachmittagen angeboten. Die Administration macht sich immer mal wieder Gedanken darüber, wie der Platz wohnlicher gestaltet werden könnte: Es besteht also noch Hoffnung.
Im November 1658 stattete Louis XIV. mit seiner Geliebten Maria

Mancini Lyon seinen ersten und einzigen Besuch ab. Um dieser Episode Unsterblichkeit zu sichern, beauftragte man den Bildhauer Martin Desjardins, ein Standbild zu gießen: der Sonnenkönig, gekleidet als römischer Eroberer. Eine lange Lebenszeit war diesem allerdings nicht beschieden. Erst 1713 auf der Place Bellecour eingeweiht, schmolzen ihn die Revolutionäre 1792 wieder ein. Verschont blieb nur der Bronzesockel, auf dem sich das Flüssepaar Rhône und Saône inmitten eines fruchtigen Stillebens räkelt (geschaffen von den Brüdern Coustou). Das heutige Denkmal, eine Nachbildung des Originals, wurde 1825 von François-Frédéric Lemot geschaffen. Fast ein Jahrhundert lang wurde es schlicht »Das Bronzepferd« genannt, nachdem Monarchiefeinde 1848 den Namen des Königs auslöschten. Erst unter dem Vichy-Regime, 1943 , fand es seine Identität wieder.

Einer 1658 erlassenen Verordnung Louis' XIV. verdankte die Place Bellecour über Jahrhunderte ihre unverbaute Weite. Der Stadt Lyon wurde auferlegt, hier »kein Haus oder Gebäude – für welchen Zweck auch immer – zu errichten«. Der heutige Betrachter – das Touristeninformationsbüro (bis 1925 Polizeistation) und die **Maison de Lyon** (ehemaliger Musikpavillon Maison Dorée) im Auge – ist geneigt, den mangelnden Respekt vor königlichen Erlassen zu bedauern. Auch die platzeinrahmenden Fassaden gehören nicht unbedingt zu den schönsten, die Lyon zu bieten hat. Nachdem die Französische Revolution die eleganten, von Robert de Cotte geschaffenen Gebäude dem Erdboden gleichgemacht hatte, befahl Napoleon 1806 den Wiederaufbau, zeigte sich aber nicht sonderlich zufrieden mit dem Ergebnis: »Quelles casemes m'a-t'on foutu là!« (Was für Kasernen hat man mir da hingesetzt!) Das Straßenleben, das man in Lyon bisweilen vermißt: Auf den großen Boulevards zur Place des Terreaux fließt es reich, laut und lustig – etwas gedämpfter und girrender in den kleinen Nebengassen. Lyons Vergnügungsviertel: genußfreudig und durchwirkt von Halbseidenem.

Man gehe in die Richtung, in die auch der Sonnenkönig reitet: zur **Rue Émile-Zola**. Im Eckhaus, wo die Lyoner Schickeria bei Vettard an ihrem Cocktail nippt, schrieb Friedrich Hölderlin 1802 an seine

Kinderspielplatz an der Place Bellecour

Mutter: »Ich muß Ihnen noch sagen, daß mir die Reise über Lyon, als einem Fremden, von der Obrigkeit in Straßburg angeraten worden ist. Ich sehe also Paris nicht. Ich bin auch damit zufrieden.« Würden die Lyoner mehr Hölderlin lesen, sie wären sicherlich sehr stolz, daß er ihrer Stadt den Vorzug gegeben hat. Auch Jean-Jacques Rousseau bevorzugte eine Unterkunft in dieser Straße, nachdem er mehrere Tage bei Mutter Natur zu Gast gewesen war. Über seine Lyoner Parkbanknächte schreibt er: »Den Himmel meines Bettes bildeten die Baumkronen. Eine Nachtigall befand sich genau über mir. Unter ihrem Gesang schlief ich ein. Mein Schlaf war sanft, mein Erwachen noch mehr.« Moliere erzählt im »Eingebildeten Kranken« von dem Apotheker Fleurant, der hier seine Pülverchen mischte. Lyons Oberjakobiner Joseph Chalier (1747-93) wohnte ebenfalls in der Straße, die bis 1902 Rue Saint-Dominique hieß, weil sie auf den alten Dominikanerfriedhof, heute Place des Jacobins, führte. Am Torbogen des Hauses Nr. 14 schneidet ein Holzkopf einem steinernen Griesgram freund-

Seite 60: Typisches Restaurant in der Rue Mercière

lich grinsend Grimassen. Ein Stück weiter in der Querstraße blickt man links auf das **Théâtre des Célestins** (30). Geradeaus auf der **Place des Jacobins** drückt ein marmornes Damenquartett zärtlich Fische an die drallen Busen. Mit diesem Brunnentempel à la Renaissance wollte der Architekt Gaspard André (1840-95) vier Lyoner Künstler ehren: Philibert de l'Orme, Gérard Audran, Guillaume Coustou und Hippolyte Flandrin, war aber schließlich nicht sehr erbaut von seinem œuvre und schrieb sich selbst eine Kritik mit dem Titel: »Historischer Beitrag über den Brunnen der Jakobiner. 100 Jahre später, 1986.« – Seit dem 13. Jahrhundert gehörte dieses Viertel einem Dominikanerkloster (die französischen Dominikaner erhielten den Beinamen »Jakobiner« nach ihrem Pariser Konvent Saint-Jacques). Damals hieß der Platz allerdings noch Place Confort nach der hier gelegenen Kapelle Notre-Dame-de-Confort. In den Religionskriegen machten Hugenotten sie dem Erdboden gleich. Die Dominikaner wurden 250 Jahre später von der Revolution vertrieben.

Nördlich des Platzes zweigt von der **Rue de Brest**, einer der Haupteinkaufsstraßen des Viertels zwischen Saône und Rhône, die **Rue Mercière** ab, von der der Schriftsteller Henri Béraud schwärmte: »Ein mittelmeerischer Gestank lagerte in den Gängen, wo die Latrinen klafften. Alles, was es in Lyon an Gauklern und verkleideten Scharlatanen gab, fand sich hier ein, um für drei oder vier Heller einige gebratene Fische zu verzehren. Hier war jeden Abend Volksfest.« Bereits in römischer Zeit siedelten die Kaufleute in dieser Gasse, weil sie den Saône-Häfen am nächsten lag. Im ausgehenden Mittelalter wurde sie geradezu berühmt, denn neben reichen Handelshäusern drängten sich die ersten Buchdruckereien Frankreichs. Noch 1835 schritt hier Wohlhabenheit einher – die Straße wurde als erste der Stadt mit Gas beleuchtet. Dann aber verfielen die Häuser der Verelendung: ausgebrannt, zugemauert, unbewohnt – Abbruch rieselte von den Fassaden. 1985 machte Lyon mit der Mercière kurzen Prozeß: eine ganze Gebäudezeile wurde abgerissen; die Instandsetzung hätte sich angeblich nicht gelohnt. Nur das Renaissancejuwel Hôtel Horace-Cardon durfte stehenbleiben. – Mit 11 000 m³ Beton wurde nun ein

Blumengeschäft in der Rue Longue

Gebäudekomplex aus dem Boden gestampft, dessen Geschäfte, Wohnungen und Büros die Mercière mit neuem Leben füllen sollen. In den noch erhaltenen Häusern haben sich unzählige Restaurants eingenistet.

Die **Rue des Bouquetiers** führt zur **Kirche Saint-Nizier** (9), deren unverwechselbares Kennzeichen die perfekte Asymmetrie ist. Links geht es die **Rue Paul-Chenavard** hinauf. Der Maler (S. 104) vermachte der Stadt seine 20 000 Gravuren umfassende Sammlung – Lyon bedankte sich mit einer Straßenbenennung. Sehenswert sind die alten filigranen Eisengitter an den Fenstern und Balkonen. Nach einigen Schritten kreuzt die Rue Longue. So schmal sie heute wirkt, war sie doch im 15. Jahrhundert eine der Hauptstraßen Lyons, breit genug, daß sich Katholiken und Protestanten die Köpfe einschlagen konnten, wonach sie Rue Tête-de-Mort genannt wurde. Sie endet auf dem Quai de la Pêcherie, für Bücherfreunde ein lohnender Abstecher. Was den Parisern die Ufer der Seine, sind den Lyonern die Quais der

Der gewaltige Brunnen auf der Place des Terreaux

Saône: seit 1988 suchen hier Bouquinisten ihr Auskommen zu finden.
Die silbernen Inox-Schreine, in denen sie ihre Schätze verwahren,
wurden von Cyril Perrotte entworfen. Geradeaus weiter geht's zur
Place Meissonier, einem neuen Beispiel städtischer Sparsamkeit:
dem Lyoner Maler Jean-Louis-Ernest Meissonier ist die Place und
Jean-Pierre Pleney, dem Wohltäter der Waisen, das Brunnendenkmal
gewidmet. Ökonomisch ehrt Lyon zwei auf einen Streich. Gegenüber
wölbt sich ein romanischer Doppelbogen, wahrscheinlich aus dem 12.
Jahrhundert, einnehmend schön über zwei Säulen mit reich skulptier-
ten Kapitellen. Die barock ornamentierte Flügeltür führt in die
Kapelle des Palais Saint-Pierre. Einige Schritte weiter umrahmt eine reliefverzierte Fassadentäfelung die Blumenboutique Bellet, die
Blütenpracht mit Ewigkeitsanspruch herstellt. Am Ende der Straße,
gegenüber der Prachtfassade von Nr. 2, öffnet sich die **Place des Terreaux**, der geschichtsträchtigste Platz Lyons. Bereits die Gallier hatten
hier ihre Schweine im Moor (Erde/Wasser = terre/eaux) geweidet, und

noch im 16. Jahrhundert wurde die Place von einem Schweinemarkt belebt. Diese Tiere stromerten auch sonst frei durchs ganze Viertel, aufgrund eines Erlasses von Louis XI., der die Brüder vom Kloster des hl. Antonius von ihrer Hirtenpflicht befreite. In der Revolutionszeit fanden die blutig-berüchtigten Exekutionen Lyons auf diesem Platz ihr Publikum. Heute rauscht hier der Brunnen von Frédéric-Auguste Bartholdi. Er sieht nicht nur bleiern aus, er ist es auch: Aus 21 Tonnen Metall hat man ihn 1889 für die Weltausstellung in Paris gegossen. Die Brunnenpferde (sie symbolisieren vier dem Ozean zufließende Ströme) sind augenscheinlich Roms Fontana di Trevi nachempfunden. Wer dem Straßenlärm auf dem Platz für einen Moment entkommen will, findet im Innenhof des **Palais Saint-Pierre mit dem Musée des Beaux** Arts (18) einen stillen lieblichen Garten.

Der Weg führt am **Hôtel de Ville** (14) vorbei in die **Rue Joseph-Serlin**, eine Straße, die während der Revolution viele Tränen gesehen hat. An den Verließfenstern des Rathauses nahmen die Überlebenden Abschied von den zum Tode Verurteilten. Sie mündet auf die **Place Louis-Pradel**, die neueste Piazza der Stadt. Italienisches Flair sagen ihr die Lyoner nach und meinen ihre amphitheatralische Lage. Die geräumige Plattform wird von drei Bronzeskulpturen des baskischen Bildhauers Jean-Robert Ipousteguy gekrönt: eine Büste von Luis Pradel (S. 122), der dem Platz auch seinen Namen gab, eine Statue der Louise Labé (S. 121) und schließlich eine gigantische, neun Tonnen schwere Pyramide, deren Figuren, Zeichen und Symbole Lyoner Geschichte beschwören. Guignol und Rabelais, der Sonnengott Lug und die Heilige Blandine, der Weberaufstand und die Resistance – alles findet sich darauf in Erinnerung gebracht. Der Brunnen vor dem Haupteingang zum neuen Rathaus-Annex ist ebenfalls ein Werk von Ipousteguy.

Vor der **Opéra** (25) biegt man ab in die **Rue de la République**. Was Hausmann für Paris, war Architekt Vaïsse für Lyon. Ihm verdankt das Viertel seine Boulevards. 1975 erklärte Bürgermeister Louis Pradel die »Rue de la Ré« zur Fußgängerzone, ausladend breit, um

Das imposante Rathaus (Hôtel de Ville)

allen *flaneurs* gerecht zu werden. Daß moderne Verwaltungsgebäude sich zumindest in der Höhe der Umgebung einpassen können, zeigt der Bau der Société Lyonnaise in der Rue de l'Arbre-Sec rechter Hand. Vergeblich sucht man in der Innenstadt Lyons nach Hochhäusern. Neubauten werden in der Regel dem Straßenbild des 19. Jahrhunderts angepaßt oder darunter versteckt, wie das Parkhaus unter der Place Bellecour. In der nächsten Querstraße, der Rue du Bât-d'Argent, stand bis zum Zweiten Weltkrieg das Café Casati, in dem schon Bismarck seine Tasse Schokolade getrunken haben soll. Auch wenn das Café heute in die Rue Ferrandière umgezogen ist, die Schokolade schmeckt noch immer vorzüglich. Hundert Schritte weiter führt nach links die Rue Neuve zum Haupteingang des **Lycée Ampère** (15). – Wo die Rue de la République am **Palais du Commerce** (26) vorbeiläuft, spielte sich Ende des 19. Jahrhunderts eine aufsehenerregende Bluttat ab, über die der Verantwortliche makaber-detailliert in allen

Zeitungen Auskunft gab: »Ich versenkte meinen Dolch bis zum Heft in die Brust des Präsidenten und schrie, laut oder nicht, das kann ich nicht mehr sagen: >Vive l'anarchie!<« Datum: 24. Juni 1894, Täter: Santo Giovanni Caserio aus Milano, Opfer: Frankreichs Staatspräsident Sadi Carnot.

Der Weg zweigt ab in die **Rue de la Poulaillerie**, wo Pierre Valdo (S. 124) vor seiner Verbannung wohnte. **Das Hôtel de la Couronne** aus dem 15. Jahrhundert diente Lyon lange Zeit als Rathaus. Heute betritt man durch den anmutigen Gotikbogen das **Musée de l'Imprimerie et de la Banque** (21).

Bevor es links die **Rue Président-Édouard-Herriot** hinunter geht, lohnt sich an der Hauswand ein Blick in das Innenleben der Marionettenuhr Monsieur Charvets, die hier seit 1852 den Passanten die Stunde schlägt. Zuerst spielen Pierrot und Pulcinella mit Hilfe ihrer Füße die Big-Ben-Melodie, dann hämmern Guignol und Gnafron abwechselnd die Stundenzahl. Der neueste mechanische Zeitmesser aus

Treppen im Innenhof des Rathauses

Métrostation an der Place Louis-Pradel

dem Haus Chavet ziert übrigens die Fassade des Bahnhofs Part-Dieu (12). Er ist mit 5,60m Durchmesser bei zweieinhalb Tonnen Gewicht die größte Uhr von Lyon. – Die Rue Président-Édouard-Herriot wird von stilvolleren Häusern gesäumt als die Rue de la Ré. Die Boutiquen und Bistros sind augenfällig aufgemacht, zum Beispiel das Grand Café des Négociants – im Stil der Belle Époque nostalgisch schwelgerisch renoviert – für alle, die staunen und bestaunt werden wollen.

Die **Rue Grenette** führt zurück auf die **Rue de la République**. Gegenüber der Börse erhebt sich die **Église Saint-Bonaventure** (7). Hier beginnt der schönste Abschnitt der Fußgängerzone mit ausschließlich frischverputzten Fassaden. Gegenüber dem modernistischen Springbrunnen zweigt rechts ein glasüberdachtes Gäßchen ab, die **Passage de l'Argue**, in der auch bei Regen gut Bummeln ist.

Links von der **Place de la République** führt die **Rue Marsel-Gabriel-Rivière** (der Namensgeber, ein Journalist und Widerstandskämpfer, verstarb 1979) zum **Hôtel-Dieu** (13), Lyons ältestem Krankenhaus.

Gegenüber, wo die **Rue Confort** abzweigt, wohnte im 16. Jahrhundert die »schöne Seilerin« Louise Labé (S. 121). Bevor sich die Dichterin, die Calvin als »schamlose und unwürdige Kurtisane« diffamierte, aus Lyons mondänem Leben aufs Land zurückzog, vermachte sie ihr Haus (Nr. 28) den Armen. Rabelais erzählt im »Pantagruel«, daß die Gasse seinerzeit von Luderjanen bevölkert wurde, die den lieben langen Tag verschwatzten. In der Revolution lynchte hier eine wildgewordene Menge den ersten Jakobiner.

Die Rue Louis-Paufique führt zurück auf die **Rue de la République**, die 500 m weiter in die **Place Bellecour** mündet. Das statuenbeleuchtete Verlagshaus von »Le Progrès«, heute Lyons auflagenstärkste Lokalzeitung, war ehemals ein Theater, in dem 1896 zum ersten Mal ein Film der Brüder Auguste und Louis Lumière öffentlich gezeigt wurde: »Der begossene Begießer« (L'arroseur arrosé).

Fünfter Rundgang
Ainay – der Vorort im Zentrum Lyons
Place Bellecour – Rue de la Charité – Rue des Remparts d'Ainay –Place Ampère – Rue Victor-Hugo – Place Carnot – Rue de Condé – Rue d'Enghien – Rue de l'Abbaye-d'Ainay – Rue Jarente – Rue du Plat – Rue Alphonse-Fochier

Die Lyoner haben feste Essenszeiten: Mittags schlendern nur noch Touristen und *clochards* durch die Straßen. Der Verkehr ebbt ab und schwillt zwei Stunden später wieder an – man könnte seine Uhr danach stellen. Im Sommer, wenn die Bürgersteige von den Tischen der Kaffeehäuser und Restaurants blockiert sind, verwischt sich diese *dejeuner*-Tradition. Ausgenommen im Ainay, dem Viertel südlich der Place Bellecour: Hier atmet das Straßenbild das ganze Jahr über zugeknöpfte Kleinbürgerlichkeit. Dieses Viertel bebildert immer noch den Eindruck des Dichters Alphonse de Lamartine von Lyon: »emsiges,

aber lautloses Treiben in den Straßen, bekümmerte und sorgenvolle Gesichter der Bürger, die keineswegs mit unnützem Gerede ihre Zeit verlieren, sondern sich mit einer Geste nähern und nach einem kurzen Gruß, den sie im Weitergehen wechseln, auseinandergehen.« Im Mittelalter war die Hälfte des Halbinselbodens im Besitz der Kirche. Während das Quartier auf der anderen Seite der Place Bellecour im letzten Jahrhundert zum Finanz - und Vergnügungsviertel gedieh, ist Ainay geblieben, was es immer war: verhalltes und verhaltenes Katholikenland, »où le plaisir se prend à huitclos« (wo Vergnügen nur hinter geschlossenen Türen stattfindet).

Zentrum und Sinnbild war vom 17. bis zum 20. Jahrhundert das Hospice de la Charité. Heute erhebt sich gegenüber der Place Bellecour nur ein schmaler Überrest von diesem stattlichen Palais, an dessen Architektur sich das Pariser Hauptkrankenhaus orientiert haben soll. Die Almosengesellschaft, deren Gründer Hans Kleberg sich als »le bon Allemand« einen Namen gemacht hat, war ebenso reich an Geld wie an Prinzipien. Uneheliche Kinder gehörten nicht zur *clientèle*. »Unwürdige« lehnte man kurzerhand ab, was diese um so härter traf, als alle anderen Wohlfahrtsorganisationen zugunsten der *charité* aufgelöst wurden. Um die Straßen von Bettlern zu säubern, wußte sich die Stadt keinen anderen Rat, als sie hier wie in einer geschlossenen Anstalt zu verwahren. 1617 hatte man mit dem Bau des Hospizes begonnen –1934 fiel es dem Lyoner Architekten Michel Roux-Spitz für seine neoklassizistische **Hauptpost** zum Opfer. Nur der Glockenturm der Kapelle wurde dank einer öffentlichen Petition verschont.

Der Rundgang führt von der **Place Bellecour** die **Rue de la Charité** hinauf. Vor der **Trésorerie Générale** (Schatzkammer) kann es passieren, daß sich plötzlich vier Maschinengewehre auf einen richten. Kein Grund zur Panik: Solange man dem Geldsackmann kein Bein stellt, halten die Sicherheitsbeamten ihre Zeigefinger ruhig. Auf der gegenüberliegenden Fassade erhebt Jeanne d'Arc ihr Schwert zum Himmel. Die wehrhafte Nationalheilige gehört zum ehemaligen Verlagshaus des »Nouvelliste«. 1941 noch auflagenstärkste Lyoner

Links: Ladengalerie in der Passage de l'Argue

Lokalzeitung neben dem »Progrès«, ging sie im Laufe des Krieges ein. Etwas weiter blickt man durch die Rue Sainte-Hélène nach links auf den Pont de l'Université. Seit den siebziger Jahren beherbergen die Universitätsgebäude am Rhône-Ufer nur noch die Rechts- und Geisteswissenschaften. Alle anderen Fakultäten und Neugründungen wurden in Vororte und moderne *Technopôles* (Technologieparks) verlegt, wie die gigantischen Zusammenschlüsse zwischen Forschung, Lehre und Industrie am gleichen Ort genannt werden. Lyon besitzt inzwischen fünf Universitäten mit 85 000 Studenten, 20 000 Forschern und 450 Laboratorien. Wer eine Leidenschaft für Bären hat, kehre an der nächsten Kreuzung in die Crêpe-Bäckerei Rue Laurencin Nr. 1 ein: Gérard Picot läßt gern alle seine Töpfe stehen, um Gästen die schönsten Teddys seiner 400köpfigen Sammlung zu zeigen. Sein Buch über den »Nounours«, ein unentbehrliches Dokument für alle Teddybärenforscher, ist inzwischen auch in Deutschland erschienen. Das große Tor von Nr.30, Rue de la Charité führt in den Innenhofgarten des ehemaligen **Hôtel de Lacroix-Laval**, das Jacques-Germain Soufflot 1739 erbaute. Hier ist das **Musée des Arts Décoratifs** (17) eingerichtet, nebenan im **Hôtel de Villeroy** (1730) das **Musée Historique des Tissus** (24).

Rechts ab in der **Rue des Remparts d'Ainay** überrascht ein einstöckiges Häuschen, ländlich geduckt zwischen den hohen Mietshäusern. 1544 verlief in dieser Straße die Festungsmauer (*rempart*) des Klosters Ainay. Dahinter erstreckten sich die Ländereien der Benediktiner bis zur früheren Spitze der Halbinsel, wo heute der **Bahnhof Perrache** (6) liegt. Der Architekt Antoine-Michel Perrache (1729 -99) schlug 1766 vor, die Insel Moignat mit der Halbinsel zu verbinden und dadurch den Zusammenfluß von Rhône und Saône 2,5km nach Süden zu verlegen. Perrache starb über der Ausführung seines kühnen Planes, der schließlich im 19. Jahrhundert verwirklicht wurde. Ein Tip für Hungrige: An der Ecke der Rue Auguste-Comte bekocht »Tante Alice« die Gäste so gut und opulent, wie es ehemals die Klosterküche getan haben muß. Wer auf Flohmärkten kein Glück, aber statt dessen das nötige Kleingeld hat, findet in dieser Straße die teuersten

Überdachte Rolltreppen führen von der Place Carnot hinauf zum Bahnhof
Perrache

Antiquitätenläden der Stadt, dicht an dicht mit hübschen Galerien.
Auch die sogenannte »Moderne Kunst« faßt in Lyon inzwischen Fuß -
die Avantgarde bevorzugt nicht mehr ausschließlich Paris.
Geradeaus weiter geht es zur **Place Ampère**, deren Denkmal im letzten Krieg im Untergrund Zuflucht suchen mußte. Um den Bronze-
Ampère vor dem Schmelzofen der Besatzer zu retten, evakuierten die
Stadtväter ihn 1944 auf eine Müllkippe. Da lag er kopfunter, doch sicher, bis alles zu Ende war. Jacquard (S.120) und Sergeant Blandan
hatten weniger Glück: Ihre Statuen wurden eingeschmolzen. Vor der
Konditorfassade des kleinen Postamtes verläuft die Rue d'Auvergne, in
der Baudelaire von 1832 bis 1836 gewohnt hat. Dem elfjährigen Charles gefiel es weder in der Stadt noch in seiner Pension. Bitter beklagt er
sich in Briefen bei seinem Bruder: »Ich habe Dir nichts zu erzählen,

höchstens, daß ich die Lyoner jetzt verabscheue, daß sie unsauber sind, geizig und eigennützig. Es gefällt mir kein bißchen in der Pension, sie ist schmutzig, schlecht geführt, unordentlich, die Schüler sind boshaft und schmutzig wie alle Lyoner.«

Links geht's in die **Rue Victor-Hugo**, Fußgängerzone, Einkaufspassage und entsprechend belebt. Leute, die selbst in Lyon nicht auf amerikanischen Fast Food-Import verzichten wollen, finden in dieser Straße eine Reihe von Abfütterungsstätten.

Sie endet auf der **Place Carnot**. Lyoner Benennungseigensinn: In der Mitte des Platzes krault nicht etwa Präsident Carnot des Löwen Mähne, sondern »Die Republik«. Das Denkmal für Carnot stand dagegen bis 1975 auf der Place de la République. Am oberen Ende des Platzes mündet eine plexiglasüberdachte Rolltreppe in den modernen **Bahnhof Perrache** (6).

Der Weg fährt rechts die **Rue de Condé** hinunter und durch die **Rue d'Enghien** zurück. Bevor man sich an der robusten Romanik der ehemaligen Klosterkirche **Saint-Martin-d'Ainay** (3) erbaut, lohnt sich ein Blick auf das 1911 errichtete erkerverzierte Eckhaus des Institut Merieux, eines umsatzträchtigen Pharmakonzerns. Die Kirche in ihrem massigen, schlichten Stil mit dem merkwürdig spitzohrigen Glockenturm wirkt wie eine große hingekauerte Katze. Gegenüber der Hauptfassade blickt man durch einen mittelalterlichen Bogen auf das vielbefahrene Saône-Ufer. In den Straßen ringsherum herrscht dagegen nur wenig Verkehr, und der Kirchenvorplatz liegt in geradezu provenzalischer Dörflichkeit da. Im Haus Nr. 4 starb am 1. Juni 1892 der Maler Janmot (S. 120).

Auf der **Rue de l'Abbaye-d'Ainay** geht es zur **Rue Jarente**, in der 1843 ein buntes Mosaik verspielter Fische aus dem 3. Jahrhundert gefunden wurde (heute im Musée de la Civilisation Gallo-Romaine, Saal XIV). Am Ende der Straße biegt man rechts ab und gelangt über einen Platz mit genrehaftem Brunnen in die **Rue du Plat**. Der unangenehm auffallende Neubau an der Ecke dient der Verwaltung der Hospices Civils. Ein Stück weiter prunkt gelb und mächtig das **Institut Catholique**, eine Sprachschule.

.

Links: Fußgängerzone Rue Victor-Hugo

Um die Ecke herum taucht dann die grüne Seite der **Place Bellecour** auf. Ihre Kastanien sind die ersten Bäume, die Antoine de Saint-Exupéry, (S. 123) in seinem Leben gesehen hat. Der Biograph des »Kleinen Prinzen« wurde am 29. Juni 1900 in dem Eckhaus zur **Rue Alphonse-Fochier** geboren.

Sechster Rundgang
Das Neue Lyon – die Viertel Brotteaux und Part-Dieu

Pont Morand – Cours Franklin-Roosevelt – Avénue du Maréchal-Foch – Rue Vendôme – Boulevard des Belges – Rue Tête-d'Or – Rue Juliette-Récamier – Cours Lafayette – Rue de Bonnel

»Allons aux Brotteaux car il fait beau«, heißt es in einem alten Chanson. Doch auch bei schlechtem Wetter kann sich das 6. Arrondissement östlich der Rhône sehen lassen mit seinen breiten, baumgesäumten Avenuen und den reichen Stuckfassaden. Man muß allerdings gut zu Fuß sein, denn die Entfernungen zwischen den einzelne Sehenswürdigkeiten sind so großzügig wie das ganze Viertel. Wo Mitte des 18. Jahrhunderts noch das Vieh weidete, wohnt heute Lyons Bourgeoisie. Der Architekt Jean-Antoine Morand (1727-94) überschritt mit seinen Bauplänen als erster die Rhône.1775 konstruierte er eine Brücke, die – vollständig aus Holz – mit 13 m Breite und 209 m Länge »eine der schönsten Brücken dieser Art« war, wie ein Zeitgenosse bemerkte. Ihr Baumeister konnte sich seines Erfolges allerdings nur kurze Zeit erfreuen. Morand hatte sich ihrer Zerstörung widersetzt und damit das Eindringen der Pariser Truppen in die Stadt begünstigt. 1794 wurde er deswegen guillotiniert. Seine Urbanisierungspläne für das neue Viertel blieben bis ins 19. Jahrhundert in den Schubladen der Stadtverwaltung liegen.

Der **Pont Morand**, auf dem dieser Rundgang beginnt, kann sich mit der alten Morand-Brücke in der Eleganz der Konstruktion nicht messen. Aber noch immer ist diese Brucke Brotteaux' wichtigster Zufahrtsweg, da auch die Metro an dieser Stelle die Rhône unterquert.

Die Klosterkirche Saint-Martin-d'Ainay

Nach Abschaffung des Brückenzolls, den die Lyoner 90 Jahre lang an die Gesellschaft Morand zu entrichten hatten, sammelten sie 1862 in einer Spendenaktion 50 000 Francs, um damit eine Statue zu Ehren der Stadt zu errichten. »Lyon« präsentiert sich mitten auf der **Place du Maréchal-Lyautey** auf einem Brunnen, ist von einer Krone bekränzt und mit einem Schild bewehrt. Sie späht schnippisch zur Halbinsel hinüber, als wollte sie sagen: »On est bien mieux ici.« Die Rasenbeete zu ihren Füßen sind schnurgerade wie die Straßen Brotteaux'. Nur die blühenden Borten der beiden Blumenpavillons lockern die grüne Geometrie etwas auf. Trotz ihrer Zerbrechlichkeit blieben die beiden Glaspilze der Belle Époque bei der Brückenexplosion 1944 unversehrt.

Hinter dem Platz öffnet sich der **Cours Franklin-Roosevelt** in verschwenderischer Breite: Sechs Fahrbahnen und eine doppelte Parkspur beweisen Autofreundlichkeit. Nach 100 m zweigt nach Norden die **Avénue du Maréchal-Foch** ab, mit ihren Wohnpalästen eine typische Allee dieses Nobelviertels. Fast alle Häuserfronten prahlen mit Stuck und Balkons – besonders reich verziert ist Haus Nr. 63. Neben dem Palais Nr. 45 reitet Jeanne d'Arc über die **Place Puvisde-Chavannes**, wo im Sommer würzig die Linden duften und die Spatzen in den Wipfeln noch lauter krakeelen als der mit seinem Großvater Fußball spielende Sprößling.

Vor der **Église de la Rédemption** geht es durch die **Rue Vendôme** auf den **Rhône-Quai**. Die Uferstraße führt zum ehemaligen Messegelände, auf dem heute die »Cité Internationale« entsteht. Eingebettet in eine Parklandschaft, die sich bis zur Rhône erstrecken soll, wurde neben dem alten ein neues Kongreßzentrum errichtet. Südlich davon erhebt sich die Festung der internationalen Polizei. Die Stadtväter sind mächtig stolz, daß Interpol Lyon vor 71 möglichen Städten den Vorzug gegeben hat. Doch sie haben auch viel dafür getan, etwa für 90 Jahre das Grundstück zur Verfügung gestellt.

Flußaufwärts gelangt man zum imposanten Hauptportal des **Parc de la Tête d'Or**. 29 m lang und in der Mitte 2 m hoch, wiegt es gut 58 Tonnen. Für diese Meisterarbeit hatte die Stadt 1901 den Schlosser Joseph Bernard eigens aus dem Gefängnis entlassen. Das grazile Gitterwerk kontrastiert mit dem klobigen Mahnmal für die Opfer des deutsch-französischen Krieges von 1870/71. Der Löwe ist Lyons Wappentier. Als Anspielung auf die Namensanalogie (Löwe = frz. lion), beschenkte der Gouverneur François de Mandelot die Stadt 1584 mit solch einem Tier – einem lebendigen, versteht sich. Die sparsamen Lyoner verweigerten mit Hinweis auf die Futterkosten die Annahme des Präsents. Um den 117 Hektar großen Parc de la Tête d'Or kennenzulernen, muß man sich Zeit nehmen. Außer etwa 1000 verschiedenen Baum- und Straucharten – sogar Zedern und Mammutbäumen – in englisch großzügiger Rasenlandschaft enthält er Gewächshäuser, einen 16ha großen See, eine Eisenbahn, ein Rosarium mit über 100 000 Rosenstöcken, einen botanischen Garten, ein *vélodrome* (Radrennbahn) und natürlich einen Zoo. Das Rosarium ist das größte Europas. Seine 370 Rosensorten wurden ausnahmslos in Lyon gezüchtet. Wen das alles nicht lockt, der biege in den **Boulevard des Belges** ab, wo

Rhône-Ufer mit dem alles überragenden Turm des Crédit Lyonnais

sich Villen im Stil der Gründerzeit hinter hohen Rosenhecken verstecken. Schwungvolle Freitreppen und ein Repräsentationsbalkon in der Fassadenmitte imitieren Fürstenhausdekor. Doch residieren hier nur die ausländischen Konsulate. In dem Kuppelbau, Ecke Rue Boileau, ist das **Musée Guimet d'Histoire Naturelle** (20) untergebracht. Dahinter liegt das **Musée de la Résistance** (23).

Gegenüber einem Nebeneingang des Parks führt die **Rue Tête-d'Or** geradewegs auf das Hochhaus des **Crédit Lyonnais** zu. »Das Geld ist platt, damit man's besser stapeln kann«, witzelte Guignol. Die staatliche Bankgesellschaft spitzte diese Erkenntnis zu. Ihr »Bleistift« ist 141 m lang und 44 m dick. Im Rundblick aus den Restaurantfenstern der oberen Etage schrumpft die Stadt zur Puppenstube. Wo die Rue Bugeaud kreuzt, geht es links zum **Espace Brotteaux** (11). Dieser Traum aus Glas und Eisen, dessen Gemälde, Mosaiken und Jugendstil-Kacheln zwischen manieristisch schwungvollem Geschnörkel ihn einst zum schönsten Bahnhof Europas machten, wurde mit der Eröffnung des Bahnhofs Part-Dieu (12) außer Funktion gesetzt. 1981 benutzte die Regisseurin Claudia von Alemann seine ungewöhnliche Atmosphäre als Kulisse für ihren Film »Die Reise nach Lyon«, der in die Vergangenheit der Arbeiterrevolutionärin Flora Tristan (S.53) führt.

Ein paar hundert Meter vor dem »Bleistift« geht der Weg rechts in die **Rue Juliette-Récamier**. Die Freundin Chateaubriands wurde 1777 in Lyon geboren. Zeit ihres Lebens versammelten sich in ihrem Salon »achtenswerte, sie hochachtende Personen«. Goethe rühmte ihre Schönheit und Ausstrahlung: »Ohne etwas herausgegeben, vielleicht ohne etwas niedergeschrieben zu haben, übte diese merkwürdige Frau bedeutenden Einfluß über zwei unserer größten Schriftsteller. Ein solcher ungesuchter Einfluß entspringt aus der Fähigkeit, das Talent zu lieben, es zu begeistern, sich selbst zu entzünden beim Anblick der Eindrücke, die es hervorbringt.«

Die Straße mündet in den **Cours Lafayette**, der nach Osten zum Viertel **Villeurbanne** (32) führt. Rechts geht es zur neuen **Markthalle** gegenüber einer mosaikgeschmückten Schule. Die alten *halles* von 1867, inzwischen längst abgerissen, ähnelten der Glaskathedrale im Parc de la Tête d'Or. Nur ihre drei Eingangstore waren steingemauert. Die 1971 gebaute zweckmäßig-häßliche Betonhalle hat sie ersetzt. Ein Spaziergang zwischen den reich gedeckten Marktständen versöhnt allerdings schnell mit dem äußeren Eindruck. Täglich, außer montags, drängeln sich Hausfrauen und Meisterköche um den rosigsten Lachs, die duftigsten Melonen und den reifsten Käse. »Jeden Morgen gehe ich auf den Markt und schlendere zwischen den Ständen und Auslagen umher – dies ist eine Tradition in Lyon, die ich schwerlich entbehren könnte.« Ob Frankreichs Chef-Gourmet Paul Bocuse es immer noch so genau nimmt? Frühaufsteher mögen sich selbst vergewissern – der Markt beginnt um 7 Uhr.

Nach dem Durchqueren der Halle steht man auf der **Rue de Bonnel**. Wer immer noch keine Blasen an den Füßen hat, mache einen Abstecher ins **Einkaufszentrum Part-Dieu** auf der anderen Straßenseite hinter dem **Auditorium Maurice-Ravel** (1). Diese Konsumstätte lohnt einen Extrarundgang. Auf drei Etagen konkurrieren etwa 200 Geschäfte und Kaufhäuser. 23 Restaurants und Barbetriebe stärken die *shopping*-geschwächten Kunden. Reisebüros, Friseursalons, Kinos und eine Fahrschule: *on trouve tout à la Part-Dieu,* dieser Stadt in der Stadt. Und wenn's draußen windet und schneit, versetzen einen Springbrunnen und tropische Gewächse in südliche Gefilde. Gut sichtbare Pfeile weisen den Weg zur **Bibliothèque Municipale** (4), 1976 in das neue Viertel verlegt, und den 1983 eröffneten Bahnhof **Gare de la Part-Dieu** (12). - Das Part-Dieu genannte Gebiet hatte in den letzten hundert Jahren der Kavallerie gehört. 1960 beschloß Louis Pradel, Lyon hier ein künstliches Herz zu implantieren. Der Architekt Charles Delfante, Rivale des Perrache-Konstrukteurs Gagès, erhielt den Bauauftrag, und 1975 konnte der Bürgermeister das blau-weiß-rote Band durchschneiden. Die Einweihung endete mit einer eigens von Bocuse inszenierten *grande bouffe*. So großzügig in diesem Viertel geplant werden konnte, für die neue Lyoner Messe war denn doch kein Platz. **Eurexpo** (S. 97) wurde in dem Vorort Chassieu angesiedelt, ein Bus »Navette Eurexpo« verkehrt im Pendelverkehr vom Bahnhof der Part-Dieu aus.

Auf der **Rue de Bonnel** führt der Weg zurück zur Rhône. Wie viele Mietwohnungen kann man zu einem Block stapeln? Neben der Markthalle eine Probe aufs Exempel: Verglichen mit diesen beiden Mietskasernen ist die Parkhausschnecke rechts der Halle geradezu originell. – Im Schaufenster des **Palais du Plastique** (Haus Nr. 42) schmunzeln Präsident Mitterand und Helmut Kohl Kopf an Kopf mit Frankenstein und Mickymaus. Das protzige Gebäude hinter Gittern kurz vor dem Quai ist die **Präfektur** des Rhône-Departements. Als Präfekt waltete hier 1947-48 der in Lyon geborene Germanist Pierre Bertaux (S. 121), der vor allem durch seine Arbeiten über Hölderlin bekannt wurde.

Rhôneaufwärts führt der Weg zurück zum Ausgangspunkt, dem **Pont Morand**. Die Bronzebüste rechts in der Grünanlage ehrt Édouard Herriot (1872-1957), Lyons vielseitigen ehemaligen Bürgermeister.

Er schrieb unter anderem ein Buch über Juliette Récamier, war Minister unter Aristide Briand und später Präsident der Nationalversammlung. Mit 33 Jahren wurde er Bürgermeister von Lyon, was er über ein halbes Jahrhundert blieb.

Eingangsportal zum Parc de la Tête d'Or

Lyon sur place

Die Ziffer hinter einer Sehenswürdigkeit ist identisch mit der Nummer im Stadtplan S. 32/33

Auditorium Maurice-Ravel (1)
Rue Garibaldi

Das Gebäude, das einem Raumschiff ähnlicher sieht als einem Konzerthaus, wurde von Henri Pottier und Charles Delfante entworfen und am 14. Februar 1975 mit zwei Kompositionen von Maurice Ravel eröffnet. Dieser war einige Male in und um Lyon zu Gast gewesen und erinnerte sich: »Eines der besten Andenken, das sich mit dieser Gegend verknüpft, ist die Komposition von >La Valse<.« Sie datiert vom Ende des Ersten Weltkrieges und sollte eine Verherrlichung des Walzers werden, wobei Ravel aber – wie sein Biograph H. J. Moser es ausdrückt – »mehr Waldteufels als Johann Straußens Milieu traf.« Den großen Saal erhellen Hunderte von Glühbirnen in molekülartigen Lüstern. Er bietet 2000 Gästen Platz. Die von den hintersten Rängen können am Bühnengeschehen zwar nur per Fernglas teilnehmen, sich dafür aber uneingeschränkt an der hervorragenden Akustik freuen. Sehens- und hörenswert ist die gigantische elektronische Orgel, deren Pfeifen zum Teil aus dem Palais Chaillot in Paris stammen. Das Auditorium, neben dem aus Dutzenden von Kreiseln der Brunnen von Bernard Quizy sprudelt, liegt vis-à-vis einem modernen Freilufttheater, in dem zur Sommerszeit Konzerte und andere Veranstaltungen geboten werden. Die es umgebenden Bäume, sogenannte Paulownien, sind im März übersät mit großen duftenden Blütentrichtern, lavendelblau und so zart wie chinesisches Porzellan.

Basilique Notre-Dame-de-Fourvière (2)
Montée de Fourvière

Das Bemerkenswerte an der 1896 geweihten Kirche ist nicht ihre kunstgeschichtliche Bedeutung – byzantinische, romanische und gotische Elemente vermischen sich in der Architektur eher zur Stillosigkeit –, sondern ihre überragende Lage auf dem Gipfel des Hügels Fourvière. Doch auch wenn man der Ansicht ist, daß hier an frommer Zier des Guten zuviel getan wurde, ist das Bauwerk ein überwältigender Beweis der starken Marienverehrung der Lyoner Bürger, die auf einer langen Tradition beruht.

Seit dem 6. Jahrhundert erhebt sich auf dem Hügel Fourvière ein Monument der Christenheit über römischen Trümmern. Seit dem 12.

Brunnen von Bernard Quizy vor dem Auditorium Maurice-Ravel

Die imposante Basilika Notre-Dame-de-Fourvière aus dem 19. Jahrhundert

Jahrhundert ist belegt, daß hier eine Kirche der Heiligen Jungfrau geweiht war. In Zeiten der Not oder beim Ausbruch von Seuchen vertrauten die Gläubigen fest auf ihre Hilfe, selbst Könige pilgerten zur Notre-Dame-de-Fourvière. Seitdem die Jungfrau 1643 eine Pestepidemie abwenden half, findet am 8. September, dem Tag der Geburt Mariens, eine Wallfahrt zur Kirche auf dem Hügel statt. Wegen der stetig wachsenden Zahl der Pilger wurde die Kirche mehrfach erweitert und erneuert, häufig konnten die notwendigen Arbeiten aus den Spenden dankbarer Wallfahrer finanziert werden. Im Jahre 1851 sollte anläßlich der jährlichen Wallfahrt ein neues großes Marienbild aufgestellt werden. Die Fertigstellung verzögerte sich jedoch, so daß es erst am zweiten großen Marienfest des Kirchenjahres, dem Tag der Unbefleckten Empfängnis am 8. Dezember, feierlich geweiht werden konnte. Am Abend dieses Tages stellten die Lyoner Windlichter und Kerzen in den Fenstern der Häuser auf – ein Brauch, der sich bis heute erhalten hat.

Als Zeichen der Dankbarkeit für die Abwendung von Pest und Zerstörung läßt sich auch der prunkvolle Neubau der Basilique Notre-Damede-Fourvière verstehen. 8 Millionen Francs hat ihre Errichtung verschlungen, eine Summe, die aus heutiger Sicht gering erscheint, betrachtet man den äußerlich wie im Innern imposanten Bau. Vielfarbiges Fensterglas, bunter Marmor, Holzschnitzereien, Wand- und Bodenmosaike, Stuck, Säulen und Säulchen: Es gibt tatsächlich kein Fleckchen, das man zu zieren vergessen hatte. Wem das Kircheninnere zu überladen ist, sollte anschließend die Stufen des Glockenturms erklimmen und die Aussicht genießen.

Geöffnet: Täglich 6–19 Uhr, im Winter 12–14 Uhr geschlossen.

Öffnung des Turms: Täglich 8–12 und 14–18 Uhr, im Winter nur samstags und sonntags. Eintritt 5 Francs

Messe in der Basilika: Sonntags 9, 10 (messe Grégorienne), 11.15 und 17 Uhr. Wochentags täglich mehrere Messen in der Kapelle

Basilique Saint-Martin-d'Ainay (3)
Rue de l'Abbaye d'Ainay

Nur die Basilika steht noch von der einst berühmten und mächtigen Benediktinerabtei von Ainay. Im Jahr 1107 durch Papst Paschalis 11. eingeweiht, ist sie die älteste erhaltene Kirche Lyons und mit der klaren kompakten Architektur ein schönes Beispiel der Romanik. Die Fassade der Einfachheit und Strenge ausstrahlenden dreischiffigen Kirche wird von dem massigen 31 m hohen Glockenturm beherrscht. Er umfaßt drei, durch Rundbogen durchbrochene Stockwerke. Seine horizontale Gliederung wird durch rot eingelegte Steinbordüren hervorgehoben, die sich an den Halbbögen der Fenster wiederholen. Der Turm wird von einer vierseitigen Pyramide gekrönt, die an ihren Ecken noch einmal mit Dreiecken besetzt wurde, was ihm ein seltsam spitzohriges Aussehen verleiht. Nachdem er im Laufe der Jahrhunderte mit Moosen und Kräutern zuzuwuchern drohte (es soll sogar eine botanische Untersuchung über die »Flora des Glockenturmes von Ainay«

existieren), gelang den Restauratoren im 19. Jahrhundert die Wiederherstellung seines ursprünglichen Gesichts.

Klare, schlichte Linien bestimmen auch den Innenraum der Kirche, in dem wegen der kleinen Fenster meist Dämmerlicht herrscht. Geschickt steigert sich zum Altarraum hin die Ausarbeitung künstlerischer Details. Die Kapitelle der Vierungspfeiler, über denen sich eine achteckige Kuppel spannt, sind mit biblischen Szenen geschmückt, die den Sündenfall, den hl. Michael mit dem Drachen, Kain und Abel, Johannes den Täufer und die Verkündigung darstellen. Steinerne Tier- und Fabelwesen kann man in der halbrunden Apsis bewundern, die 1855 von dem Lyoner Hippolyte Flandrin ausgemalt wurde. Vier dicke Säulen, deren Maße nicht recht zu den übrigen Proportionen passen, stehen um den Altar. Sie bilden die ältesten Bestandteile der Kirche und stammen aus dem im Jahr 12 v. Chr. errichteten gallischen Tempel bei Condate. Spater zersägten Mönche die zwei mächtigen Granitmonolithe und transportierten sie auf der Saône nach Ainay.

Geöffnet: Taglich 8–11.30 und 16–19 Uhr. Messe: Montags bis samstags 8 Uhr, sonntags 8.30 und 11.15 Uhr

Bibliothèque Municipale (4)
Boulevard Marius-Vivier-Merle

»Ich empfehle Besuchern, die Innenmauern der Bibliothek zu bewundern; sie sind rohbelassen und prachtvoll. Lyoner Beton ist tadellos.« Man muß in diesem Punkt nicht unbedingt der Meinung von Louis Pradel (S. 122) sein, um die Bibliothek zu schätzen. Das Gebäude bietet Platz für zwei Millionen Bände. Beispiellos ist die Rhône-Region-Abteilung im 3. Stock. Hier findet der Interessierte nicht nur sämtliche Bücher, die jemals über Lyon geschrieben wurden, sondern auch eine umfassende Dokumentation von Artikeln französischer Zeitungen, die, nach Stichwörtern geordnet, seit den siebziger Jahren gesammelt werden und einen vollständigen Überblick über die Ereignisse

gewähren, die in Lyon Geschichte gemacht haben, vom Papstbesuch (4 Aktenordner) bis zum Barbie-Prozeß (15 Ordner).
Geöffnet: Dienstags bis freitags 10–19.30 Uhr, samstags 10–18 Uhr

Cathédrale Saint-Jean (5)
Place Saint-Jean

Mit dem Bau der Kathedrale wurde im Jahr 1180 begonnen, und schon 1245 konnte Papst Innozenz IV. die Bischöfe in der unvollendeten Kirche zum ersten Lyoner Konzil versammeln. Die Fertigstellung zog sich dann aber doch noch bis ins 15. Jahrhundert hin: die verschiedenen Bauetappen lassen sich anhand aufeinanderfolgender Stilformen von der Romanik bis zu Hochgotik ablesen. Der Grundriß der Kathedrale zeigt ein stark hervortretendes Querschiff, das von zwei massigen Vierecktürmen an den Seiten akzentuiert wird. Sie haben einen stumpfen Abschluß, wie auch die beiden Türme der Hauptfassade, die auf einem Fundament römischer Marmorblöcke, den Trümmern des Trajanforums aus Lugdunum, ruhen. Die aus dem 15. Jahrhundert stammende große Fensterrose in ihrer Mitte hat einen Durchmesser von ca. acht Metern. An den Seiten der drei Eingänge kann man die Bibel auf steinernen Bilderbögen lesen. Die 350 wertvollen Medaillons überlebten als einzige den Bildersturm der Calvinisten im Jahre 1562. Alle anderen Heiligenfiguren rund um die Kirche wurden damals geköpft und die 12 Nischen an der Front gänzlich ausgeraubt.
Im Innern der Kathedrale dominiert die Gotik. Hohe, gebündelte Säulen tragen das Kreuzgratgewölbe des Langhauses, dessen Gewölbeansatz 8 m höher als der des Chores liegt – ein Hinweis darauf, daß unmittelbar nach dem Konzil eine Änderung der architektonischen Konzeption durchgesetzt wurde. (Henri IV. wählte das hoch emporstrebende Kirchenschiff als Kulisse für seine Hochzeit mit Maria von Medici, Napoleon und Josephine besuchten in der Kathedrale die Messe.) Dagegen stammt die sechseckige Apsis noch aus der ersten

Links: Die Cathédrale Saint-Jean am Ufer der Saône

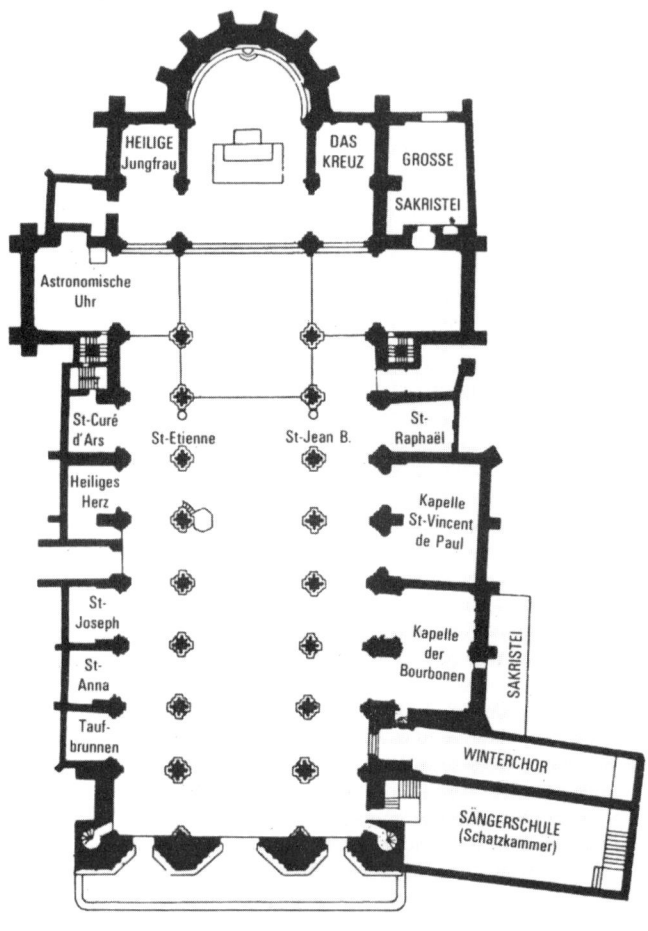

HEILIGE Jungfrau

DAS KREUZ

GROSSE

SAKRISTEI

Astronomische Uhr

St-Curé d'Ars

St-Etienne

St-Jean B.

St-Raphaël

Heiliges Herz

Kapelle St-Vincent de Paul

St-Joseph

Kapelle der Bourbonen

SAKRISTEI

St-Anna

Tauf-brunnen

WINTERCHOR

SÄNGERSCHULE (Schatzkammer)

Bauperiode. Während der untere Teil ganz der Romanik gehört, verweisen die Spitzbögen des oberen Teils und die Kapitelle der Galerie bereits auf den gotischen Stil. Ihre bunten Fenster stammen aus dem 13., die in der Marienkapelle links vom Altar sogar aus dem 12. Jahrhundert. Rechts neben dem Haupteingang liegt die Bourbonen-Kapelle, ein architektonisches Schmuckstuck mit steinernem Filigran. Der Vorname des Kardinals Charles de Bourbon, der die Kapelle 1486 als seine letzte Ruhestätte errichten ließ, wurde hier nicht gemalt, sondern kunstvoll aus Stein geschnitzt. Man nehme sich Zeit, die mächtige astronomische Uhr mit einem Kalender bis zum Jahr 2019 zu studieren. Seit 600 Jahren schlägt sie vernehmlich Sekunde um Sekunde, und täglich um 12, 13, 14 und 15 Uhr präsentiert sich ein kunstvolles Puppenspiel: Nachdem der Hahn dreimal gekräht hat, kommt der Heilige Geist in Gestalt einer Taube auf Maria herab, während Gottvater segnend seine Rechte erhebt. Die Engel veranstalten dazu ein Glockenkonzert.
Geöffnet: Werktags 7.30–12 und 14-19.30 Uhr, am Wochenende 14-17 Uhr. Sonntagsmesse: 8.30, 10.30 Uhr

Centre d'Échanges de Perrache (6)
Place Carnot

Dieser Bahnhof mit Flughafenappeal ist das einzige mutig moderne Gebäude auf der Halbinsel und daher vielen ein Stein des Anstoßes. »Le Bunker« oder »Monstre de Pradel« schmähen sie ihn und sind doch dankbar für seine Funktionalität. In Lyon führen trotz des neuen Bahnhofs Part-Dieu noch immer alle Wege nach Perrache: Die Fußgängerpassage endet hier, 1000 Parkplätze, die Metro und rund 20 Autobuslinien sorgen für regen Personenverkehr. Das Kommen und Gehen auf diesem Verkehrsknotenpunkt belebt Lyons jüngstes Kunstprojekt. In Konkurrenz zu Paris und seinem Centre Pompidou hatte es die Stadt niemals leicht, ein Zentrum für zeitgenössische Kunst zu sein. Beim Bau des Bahnhofsgebäudes wurden gleichzeitig

Links: Plan der Cathédrale Saint-Jean

Park auf dem Dach des Bahnhofs Perrache

Ausstellungsräume eingeplant und eine lang beklagte Lücke im Lyoner Kulturleben geschlossen. Die Ausstellungen der ELAC (Espace Lyonnais d'Art Contemporain) im 4. Stock des Centre d'Échanges de Perrache werden in unregelmäßigem Turnus gewechselt und sind bar jedes steif-musealen Charakters – zweifellos das Verdienst der »Bahnhofsatmosphäre«. Eine weitere Attraktion von Perrache ist sein Park, der nicht ebenerdig, sondern penthouseartig auf dem Dach des Bahnhofs angepflanzt wurde. 12 000 Quadratmeter Garten laden zum Blick über die Dächer von Lyon ein.

Église Saint-Bonaventure (7)
Place des Cordeliers

Anfang des 13. Jahrhunderts hatten die Anhänger des hl. Franz von

Assisi an diesem Platz eine erste bescheidene Kirche erbaut, die nach den *cordeliers,* den Gürtelschnüren der Franziskanermönche, benannt wurde. Einer der bedeutendsten Lehrer dieses Ordens, Kardinal Giovanni di Fidenza, genannt Bonaventura, hat darin gepredigt und wurde hier beigesetzt, als er 1274 während des zweiten Lyoner Konzils verstarb. Als einer der größten Kirchenlehrer der Scholastik wurde er später heiliggesprochen. Um der großen Schar der Gläubigen gerecht zu werden, unternahm der Franziskanerorden 1325 die Errichtung einer größeren Kirche. Ihr Bau zeichnet sich, dem Armutsideal des Ordens entsprechend, durch eine einfache Architektur und das Fehlen reicher Verzierungen aus. Eine Ausnahme machen höchstens die Seitenkapellen, die allerdings nicht von den Mönchen selbst, sondern von verschiedenen Handwerkszünften zu Ehren ihrer Schutzpatrone ausgeschmückt wurden. Bemerkenswert ist die Orgel in der fünfeckigen

Die Église Saint-Bonaventure an der Place des Cordeliers

Apsis. Sie stammt wie der Altar und ein Teil der Fenster aus der Mitte des vorigen Jahrhunderts und wird von Kennern als eine der klanglich schönsten Lyons gerühmt. Die Kirche, die während der Französischen Revolution als eine Art überdachte Markthalle mit Ständen und Geschäften in den Kapellen mißbraucht worden war, wurde erst unter Napoleon wieder zu einer Stätte des Gebets. 1858 durchbrach man im Zuge einer Renovierung die Hauptfassade mit einer Fensterrosette. Das schmucklose Innere der Kirche verliert heute durch den Schein von 15 Kronleuchtern und unzähligen Opferkerzen viel von seiner ursprünglichen Strenge.

Geöffnet: Täglich 8.30–9.30,15.30–19 Uhr

Église Saint-Georges (8)
Rue Saint-Georges

Die Anfang des 6. Jahrhunderts gegründete Kapelle gehörte lange Zeit den Rittern des Malteserordens. Es wird behauptet, daß die Kirche dem hl. Georg, dem Drachentöter, geweiht wurde, damit dieser den sektiererischen Umtrieben der Geheimbündler, die sich in diesem Viertel eingenistet hatten, ein Ende mache. Die heutige kleine Kirche wurde 1848 errichtet, 1860 wurde der spitz zulaufende Turm hinzugefügt, dem sie ihre Geschlossenheit verdankt. Leider ist sie nur zu den Gottesdiensten geöffnet.

Messe: Samtags 18 Uhr

Église Saint-Nizier (9)
Rue de Brest

Bereits im 5. Jahrhundert erinnerte an dieser Stelle eine Kirche an den hl. Pothinus und die ersten Christen von Lyon, die im umgebenden Viertel gelebt haben sollen. Anfang des 15. Jahrhunderts wurde sie durch eine größere, dem tatkräftigen Lyoner Bischof Nizier geweihte

Kirche ersetzt. Das heutige Bild des Gotteshauses wird durch die ungleichen Türme geprägt: Der linke kompakte Glockenturm aus rotem Backstein stammt aus dem Jahr 1454, die rechte, kapriziös durchbrochene Turmspitze wurde 400 Jahre später ergänzt. Die Asymmetrie der Fassade wird durch den wuchtigen Bogen des Hauptportals noch unterstrichen, ein Werk des Renaissance-Architekten Philibert de l'Orme. Trotz dieser mehr oder weniger gelungenen Ergänzungen ist Saint-Nizier ein schönes Beispiel des spätgotischen Flamboyantstils. Eine kunstvolle Galerie umzieht die Apsis und das ausladende Kirchenschiff, dessen Seiten sich zu den Kapellen öffnen. Einige davon sind eng mit der Geschichte Lyons verbunden: In der Kapelle des hl. Franz von Sales findet man das Grab des ersten Lyoner Verlegers Barthélemy Buyer, die Kapelle des hl. Aloysius von Gonzaga diente während der deutschen Besatzung als Treffpunkt der Résistance, und in der südlichen, dem hl. Jakobus geweihten Kapelle tagten im Mittelalter die Ratsherren der Stadt. Auffallend sind auch zwei monumentale Bronzestatuen der Heiligen Peter und Paul sowie eine große Uhr von 1549 anstelle eines Schlußsteines im ersten Joch. Die Kirche, in der Laurent Mourguet und der Physiker André-Marie Ampère getauft wurden, machte zuletzt im Sommer 1975 spektakuläre Geschichte, als 60 Prostituierte sie besetzten, um ihrer Forderung nach gesellschaftlicher Anerkennung Nachdruck zu verleihen. Der Entschluß der Stadtoberhäupter, »faire de Lyon une ville ›propre‹«, hatte brutale Willkürlichkeiten der *flics* nach sich gezogen. Sie terrorisierten die »Belles de nuit«, wo immer sie diese stehen sahen. Vor Gericht bezichtigte man die Damen schlimmster Verbrechen: » . . . hat Passanten männlichen Geschlechts angelächelt...!« Die kleine Gesellschaft von Kirchenbesetzerinnen wuchs in wenigen Tagen auf mehrere Hundert an, und ihr Protest zeugte fort: In Paris, Marseille und anderen französischen Großstädten fanden sich die Kirchenwärter plötzlich mit Aufrührerinnen unter einem Dach.

Geöffnet: Täglich 7–13 und 15–19.30 Uhr (montags vormittags geschlossen).
Messe: Wochentags 12 Uhr, sonntags 10.30 Uhr

Église Saint-Paul (10)
Place Saint-Paul

An Stelle der 549 vom hl. Sacerdos geweihten Kirche wurde nach deren Zerstörung 1084 mit dem Bau des heutigen Gotteshauses begonnen, dessen Fertigstellung jedoch noch fast 200 Jahre auf sich warten ließ. Die lange Dauer der Bauarbeiten schlug sich in den von der Romanik zur Gotik überwechselnden Stilelementen nieder, deutlich sichtbar an der Gestaltung der achteckigen Kuppel und des viereckigen Glockenturmes. (Der Laternenaufsatz der Kuppel wurde erst im 19. Jahrhundert ergänzt.) Spätere Generationen trugen das Ihre dazu bei, das Innere der Kirche zu »verschönern«. Im 18. Jahrhundert versteckte man die schönen schlichten Steinbordüren, sorgsam gemeißelte Kapitelle, kannelierte Pfeiler und Bögen unter einer dicken Putzschicht, und erst das erwachende historische Interesse des 19. Jahrhunderts gab der Kirche einen Teil ihres ursprünglichen Aussehens zurück. Besonders der Anregung des 1831 zum Inspekteur der Kunstdenkmäler Frankreichs ernannten Schriftstellers Prosper Mérimée ist es zu verdanken, daß die Kirche nicht einfach kurzerhand abgerissen wurde. Heute sind die Lyoner wieder stolz auf ihre Kirche und das um so mehr, als sie auch das älteste Glockenspiel der Stadt beherbergt. Bereits im 12. Jahrhundert erwähnt, ertönt es in seiner jetzigen Form seit 1629. Die Kirche ist nur unregelmäßig geöffnet.

Espace Brotteaux (11)
Avenue du Général-Brosset

»Bahnhof zu verkaufen«, warb die regionale Presse Anfang des Jahres 1983. In der Tat wußte die Eisenbahngesellschaft S.N.C.F. nicht, wie sie diesen 1908 errichteten schloßartigen Bau nutzen sollte, nachdem der neue Mammut-Bahnhof des Viertels Part-Dieu in Betrieb genommen war. Vor 25 Jahren wäre das Jugendstil-Schmuckstück noch für 4 Millionen Francs zu haben gewesen. Louis Pradel plante damals, hier ein Museum zu installieren. Inzwischen verlangte die S.N.C.F. das Doppelte. Käufer fehlten zunächst, und so phantasierte man umso mehr über diverse Nutzungsmöglichkeiten. Die genußversprechendste sah vor, hier einen Tempel für Lyoner Gastronomen einzurichten. Andere Planer träumten von einem Luxushotel, einem Supernachtclub, einem Sportzentrum oder einem Ausstellungsgelände. Inzwischen ist das Rennen entschieden: der »Saal der verlorenen Schritte« mit seinen Fresken, Mosaiken und Holzverzierungen wurde zu einem internationalen Auktionszentrum à la Sotheby umgebaut. Außerdem wurde in der Espace Brotteaux, wie der Ex-Bahnhof nun heißt, das Restaurant »Le Gourmandin« eingerichtet, auf daß Kunst, Kommerz und Kulinarisches einträglich unter einem Dach vereint sind.

Eurexpo
Chassieu

Seine verkehrsgünstige Lage machte Lyon schon bald nach seiner Gründung zum umsatzgrößten Handelsplatz Frankreichs. Wer und was von Süden nach Norden reiste und umgekehrt, mußte die Stadt an Rhône und Saône passieren. Was lag da näher, als in der Stadt selbst eine Messe als Zentrum für den Austausch wirtschaftlich-technisch interessanter Informationen und Produkte einzurichten? Bis 1984 fand die Foire de Lyon auf dem Gelände am Quai Achille-Lignon statt, im März 1985 wurde die 67. Internationale Messe in Chassieu eröffnet. Clou der Veranstaltung: die Schere, mit der das blauweißrote Band durchschnitten wurde, fiel buchstäblich vom Himmel - ein Fallschirmspringer brachte sie aus 700m Höhe herab. Die Aktion machte Schlagzeilen, die Besucherzahl weniger. 500 000 Neugierige waren erwartet worden, eine Menge, die selbst drei Jahre später noch nicht erreicht war. »Ziehen Sie stabile Schuhe an!« wird den Besuchern in Hinsicht auf den 40 km langen Ständespaziergang empfohlen. Mit 125 000m² Ausstellungsterrain, davon 90 000m² überdacht, ist Eurexpo gleichwohl etwas kleiner als die Frankfurter Messe.1987 warben 2000 Aussteller aus 18 Ländern für ihre Produkte. Die Foire Internationale de Lyon findet gewöhnlich Ende März statt.

Während der Messe verkehrt ein Pendelbus vom Bahnhof Part-Dieu und der Metro-Endstation Laurent Bonnevay.

Gare de la Part-Dieu (12)
Boulevard Marius-Vivier-Merle

Der wichtigste Bahnhof Lyons, immerhin viermal so groß wie die Gare Perrache, sieht nicht wie ein Bahnhof aus. Das Gebäude aus rosafarbenem Beton und 500 m² Spiegelglasfassade ist in Hufeisenform um einen mit Springbrunnen und Bäumen hübsch möblierten Platz gebaut. Die Architekten, unter anderen Charles Delfante und Jean Girodet, integrierten außer den bahnhofsüblichen Dienstleistungsgewerben auch Büros und Wohnungen in den Komplex, der im Oktober 1983 mit der Eisenbahn-Kantate (Cantate du Chemin de fer) von Hector Berlioz offiziell eingeweiht wurde. Seitdem startet hier der T.G.V. (Train a Grande Vitesse), Lyons »Metro« nach Paris. In genau zwei Stunden überwindet der Hochgeschwindigkeitszug mit Flugzeug-Appeal die 425 km lange Strecke. Die Fahrkarte ist nicht teurer als für die normalen Züge, doch muß der Reisende seinen Platz im T.G.V. reservieren.

Hôtel-Dieu (13)
Place de l'Hôpital

Das erste Krankenhaus von Lyon gründeten 542 der Frankenkönig Childebert I. und seine Gattin Ultrogothe westlich der Saône im Viertel Saint-Paul. 600 Jahre später entstand auf der Halbinsel ein zweites städtisches Krankenhaus, das, wiederholt erweitert, Mitte des 18. Jahrhunderts unter der Bauleitung des berühmten Jacques-Germain Soufflot sein heutiges Gesicht erhalten sollte.1741 wurde der Grund-

Das nächtlich angestrahlte Hôtel-Dieu am Ufer der Rhône

stein der Soufflot-Fassade gelegt, die, wohlproportioniert, über eine Länge von 325 m das rechte Rhône-Ufer schmückt. Der Meister hatte auch Pläne für eine imposante Kuppel angefertigt, reiste aber während der Bauarbeiten nach Paris ab, um dort das Pantheon zu überwölben und überließ die Ausführung dem Architekten Toussaint Loyer, der den Bau nachlässig zu Ende brachte. Erst 1970 – Loyers Kuppel brannte im Zweiten Weltkrieg aus – wurde der sogenannte *grand dôme* des Krankenhauses nach den Originalplänen, wenn auch aus Beton, neu erbaut und erscheint heute als Krönung der noblen Anlage. Die kleinere Kuppel des Gebäudes wurde 1622 über der nördlichen Kapelle errichtet. Durch den kreuzförmigen Grundriß der vier Krankensäle, die alle in die Kapelle mündeten, konnten die Patienten vom Bett aus an der Messe teilnehmen.

In dem Krankenhaus arbeitete neben anderen ärztlichen Berühmtheiten auch der Geistliche, Arzt und Schriftsteller François Rabelais, der in seinem Testament verkündete: »Ich besitze nichts, ich schulde alles, ich vermache den Rest den Armen.« Rund um den Innenhof – derzeit als Autoparkplatz mißbraucht – hat man in goldenen Lettern den Wohltätern ihre Spenden quittiert. Nachdem die Geldbeträge seit dem Jahr 1432 kontinuierlich gewachsen waren, bricht die Liste 1932 unvermittelt ab.

Das kleine Musée des Hospices Civils dokumentiert die Lyoner Hospitalgeschichte durch 14 Jahrhunderte.

Geöffnet: Montags bis freitags 13.30–17.30 Uhr. Eintritt 6 Francs; Tel. 78373646

Hôtel de Ville (14)
Place des Terreaux

1646, drei Jahre nachdem sich der Sonnenkönig auf dem Französischen Thron niedergelassen hatte, legte Baumeister Simon Maupin den Grundstein für Lyons Rathaus. Doch sein Werk wurde ein Raub der Flammen, noch bevor das *grand siècle* seinen Pomp voll entfaltet hatte. 1700 unternahm Jules Hardouin-Mansart einen Restaurierungsversuch, den die Lyoner ihm bis heute nachtragen. Die Renaissance-Architektur seines Vorgängers war Mansart zu bescheiden und so vergrößerte er das Rathaus in optisch wirkungsvoller Weise, entsprechend dem neuaufkommenden theatralischen Stil des Barocks, mit dem sich in ganz Frankreich der Absolutheitsanspruch Louis' XIV. präsentierte. Der durch Eckflügel begrenzte Mittelbau erhielt ein zweites Stockwerk, und der Glockenturm über der symmetrischen Fassade wurde durch eine Kuppel auf 40 m erhöht. In seinem Gestühl klingen heute 40 Glocken in drei Oktaven, allerdings nur zu Ehren des Papstes oder ähnlich famosen Gästen oder Anlässen. Die kleinste wiegt 13 kg, die größte knapp 5 Tonnen, die älteste gossen die Galloromanen im 2. Jahrhundert. Der Turm wird rechts von

Minerva, links von Herkules flankiert. Henri IV. auf seinem Pferd beherrscht die Fassadenmitte unterhalb der Balustrade, seitdem Revolutionäre 1792 Louis XIV. entfernt haben. Die großen Fenster zu beiden Seiten des Balkons im 1. Stock haben dreieckige Giebelfelder, das Eingangsportal aus Eichenholz wird von zwei Porphyrsäulen gerahmt. Das Rathaus ist eines der schönsten Frankreichs, nachts verzaubern es Scheinwerfer in ein strahlendes Schloß.

Im Innenhof, der von der Place de la Comédie aus betreten wird, begegnet man einem Zyklopen von extraordinärer Anatomie: für gewöhnlich besitzt diese Gattung ein Auge zu wenig – dieser Geselle aber riskiert eines zu viel. Ein Spaziergang durch den Prunk des Rathausinneren ist das Privileg offizieller Gäste. Lyoner und Touristen müssen mit ihrem Besuch auf einen »Tag der offenen Tür« warten, und der ist selten. Bei der letzten Gelegenheit drängten sich dann auch 35 000 Neugierige durch die gold- und kristallüsternen Säle, die im Stil Louis' XIV. überreich dekoriert wurden, und unter Louis Pradel ihren vollen Glanz zurückerhielten.

Lycée Ampère (15)
Rue de la Bourse

Das Gebäude, ein ehemaliges Jesuitenkloster, wurde 1565 erbaut. Napoleon, der sich sehr um das Lyoner Schulwesen kümmerte, richtete in den alten Sälen ein Gymnasium ein. Es trägt heute sinnigerweise den Namen des berühmten 1775 in Lyon geborenen Physikers André-Marie Ampère, von dem bekannt ist, daß er niemals eine Schule besucht, sondern seine Studien zuerst unter der Leitung des Vaters, später als Autodidakt betrieben hat.

Maison des Canuts (16)
10–12, Rue d'Ivry

Was nur irgendeine Beziehung zum seidenen Gewerbe hat, ist hier ausgestellt: eine Dokumentation über die Seidenraupen, Spinnräder, Spindeln, Weberschiffchen, Webproben, Fadenspulen, Lochkarten und vieles mehr. Sogar ein Fetzchen von der Seidentapete, mit der Picasso sein Badezimmer tapezieren ließ, gab es bis vor kurzem zu bewundern, bis es jemand gestohlen hat. Den meisten Platz beanspruchen ein Jacquard-Handwebstuhl des 19. und ein mechanischer Webstuhl des 20. Jahrhunderts. Es besteht die Möglichkeit, für einen geringen Unkostenbeitrag an einer Führung (auf Französisch) teilzunehmen, bei der unter anderem die Funktionsweise der Webstühle erklärt wird. Während ein mechanischer Webstuhl je nach Muster 5-10m Stoff am Tage produziert, schafft der Handweber ganze 15cm. Da jedoch nicht alle Gewebearten industriell hergestellt werden können – zum Beispiel der Seidenbrokat, den man benötigt, um Marie-Antoinettes Schlafzimmer in Versailles wieder originalgetreu ausstatten zu können –, gibt es auf der Croix-Rousse noch immer einige Ateliers, in denen traditionell gewebt wird, zum Beispiel auf der anderen Straßenseite gegenüber dem Museum. Die Führung endet mit einer praktischen Demonstration, Gelegenheit, den Jacquard einmal weben zu sehen und vor allem auch zu hören. Das Geräusch ist wirklich bemerkenswert, und man muß dem Schriftsteller Michel Tournier recht geben, der es so beschrieb: »Das Lied des Jacquard war recht verschieden von dem verworren-metallenen Rattern moderner Webstühle. Die reichlich vorhandenen Holzteile, seine relative Langsamkeit, die beweglichen Teile, die kompliziert, aber nicht zahlreich und zumindest für ein geübtes Ohr leicht herauszuhören waren – all das trug dazu bei, dem Rasseln des alten Webstuhls etwas Besonderes, Würdiges zu verleihen, das einer Sprache verwandt war.«

Geöffnet: Montags bis freitags 8.30–12 und 14–18.30 Uhr, samstags 9–12 und 14-18 Uhr (im August unregelmäßig); Eintritt: 6 Francs; Tel. 78 28 62 04

Musée des Arts Décoratifs (17)
34, Rue de la Charité

Das Museum der bildenden Künste besucht man am besten morgens.

Die 30 Säle in dem eleganten, efeuumrankten bürgerlichen Stadthaus enthalten unter anderem eine wertvolle Sammlung von Penduluhren. Der knarrende Schritt des Besuchers verliert sich schnell in den hohen Räumen, in denen leise die Uhren ticken. Unvermittelt beginnt eine hell klingend die volle Stunde anzugeben: 11 Schläge. Aus anderen Sälen antwortet es glockenklar. Man vergißt seinen Besichtigungsgang und horcht nur noch auf die alten Uhren. Eine der schönsten befindet sich in Saal 29 im 2. Stock: eine Standuhr aus der Epoche Louis' XIV. mit prachtvollen Silberintarsien in Ebenholz. Ein Kuriosum ist die »Pendule Cage«, die in Raum 12 des 1. Stocks unter der Decke hängt. Das Zifferblatt bildet den Boden eines Vogelkäfigs; das darin sitzende gefiederte Kolibripärchen hat, dank einer eingebauten Mechanik, ehemals sogar gesungen. Außer dem Uhrenreichtum birgt das Museum noch zahllose Kostbarkeiten, die, vorbildlich instandgesetzt, die Räume so vornehm und gleichzeitig intim möblieren, daß man sich in einem wohlhabenden Bürgerhaus des 18. Jahrhunderts glaubt. Beachtenswert sind die Kollektionen von Edelsteinschnitzereien (Saal 12) und italienischen Fayencen (Saal 21, 23) sowie die Gobelins, Tafelsilber und eine Waffensammlung.

Geöffnet: Dienstags bis sonntags 10–12 und 14-17.30 Uhr. Eintritt: 16 Francs [20 - 25], mittwochs: Eintritt frei, Tel. 78 3715 05 (Die Eintrittskarte gilt gleichzeitig für das Musée Historique des Tissus)

Musée des Beaux-Arts im Palais Saint-Pierre (18)
Place des Terreaux

Der Lyoner Louvre mit seinen neunzig Sälen wurde 1659-86 von dem Avignoner François Royer de la Valfenière erbaut. Die ehemalige Benediktinerabtei umschließt einen Garten, in dem man zwischen Bäumen und Rodin-Skulpturen lustwandeln kann. Das Äußere des piemontesisch barocken Palais ist frisch renoviert, und auch im Inneren wird seit kurzem umgehängt und neu geordnet. (Säle z. T. en travaux)

Im ersten Stock kann man durch 18 Säle die Entwicklung der Lyoner Malerei vom 17. Jahrhundert bis heute verfolgen. Pierre Puvis de Chavannes (1824-98), mit Pariser Aufträgen reich gesegnet, hat offensichtlich dennoch etwas Muße für seine Geburtsstadt erübrigen können, um die Wände des Treppenhauses mit seinen der Antike nachträumenden Impressionen zu füllen. In Saal 53 hängen zwei Bilder von Paul Chenavard, der, Lyoner aus Passion, Baudelaire für einen wenig schmeichelhaften Vergleich diente: »Chenavards Kopf gleicht der Stadt Lyon: er ist vernebelt, rußig, gespickt mit Spitzen, wie die Stadt der Kirchtürme und Schornsteine. In diesem Kopf erscheinen die Dinge nicht transparent, sondern spiegeln sich wie durch ein Meer von Dämpfen.«

Ein interessantes Beispiel der Kunst des Symbolismus hängt in Saal 51: »Das Gedicht der Seele« von Louis-François Janmot (S.120). Der »Gedicht«-Zyklus umfaßt die ausgestellten achtzehn Gemälde. Einige hundert Verse, in denen der Maler sein Werk interpretiert, und weitere sechzehn Zeichnungen werden uns von dem Museum leider vorenthalten. (Die kleine, am Museumseingang erhältliche Broschüre verschafft eine vage Vorstellung von Janmots Visionen.) Seinen Protagonisten begegnet man zum erstenmal im »Printemps«: das Mädchen, symbolisch in weiß, der Knabe in rosé. In einer den Franzosen eigenen Vorliebe für das Enzyklopädische läßt er sein Paar den Lebensweg einer typisch Lyoner Seele der ersten Jahrhunderthälfte zurücklegen, von der Wiege übers Grab bis – nimmt man seine letzte Zeichnung »Sursum corda« hinzu – zur Auferstehung. Bedrückend ist »Le Couchemar« (Der Alptraum), eine grandiose Angstvision, wie der Filmregisseur Alfred Hitchcock sie nicht besser hätte in Szene setzen können.

In Saal 64 finden Liebhaber eine gut sortierte Münzsammlung, beginnend mit griechisch-römischen: hartgeldgeprägte Charakterköpfe, die seinerzeit Geschichte gemacht haben. Die Säle 65-78 versammeln Kunstgewerbliches verschiedener Kulturen und Epochen. Die orientalische Abteilung beginnt mit dem Saal 80. Eine erschöpfende Gemäldesammlung zieht sich über den zweiten Stock hin. Hier findet man

neben ambitiösen Sonntagsmalern so vielversprechende Namen wie
Perugino, Veronese, Cranach d. Ä., El Greco, Rembrandt, Rubens,
Delacroix, Courbet, Daumier, Degas, Manet, Monet, Renoir,
Gauguin, van Gogh, Dufy, Matisse, Utrillo, Picasso und Max Ernst.
Die meisten Bilder wurden leider so eng neben- und untereinander
gehängt, daß sie erheblich an Wirkung verlieren. Wer die Räume chro-
nologisch vom 13. bis zum 20. Jahrhundert abschreiten will, beginne
in Saal 15.

Die Skulpturensammlung, die über die Räume des 1. und 2. Stock-
werks verteilt wurde, umfaßt Werke von der Antike bis zum 20. Jahrhundert. Die älteste Statue lächelt einem in Saal 65 entgegen: ein
Mädchen aus der Korengruppe der Akropolis des 6. Jahrhunderts v.
Chr. Ein Meisterwerk sind die Miniaturbronzen von Honoré Daumier
in zwei Vitrinen in Saal 32: sechsunddreißig Karikaturen zeitgenössischer Berühmtheiten, eine triefäugiger und knollennäsiger als die andere. Der Karikaturist mit dem enthüllenden Blick porträtierte das
Parlament der Julimonarchie, das Karl Marx mit einer »Aktienkom-
pagnie zur Ausbeutung des französischen Nationalreichtums« verglich.
Besonders gut gelungen ist Daumier der damalige Lyoner Bürgermeister Dr. Clément-François-Victor-Gabriel Prunelle, den er boshaft
prune (Pflaume) zu nennen pflegte. *25 FF* *

Geöffnet: Mittwochs bis sonntags 10.30–18 Uhr. Eintritt frei; Tel.78280766
Im gleichen Gebäude, Eingang 16, Rue Président-Édouard-Herriot,
befindet sich das 1984 eröffnete Musée d'Art Contemporain (Museum
für Zeitgenössische Kunst), in dem moderne Kunst seit 1960 ausgestellt ist.

Geöffnet: Mittwochs bis montags 12-18Uhr. Eintritt 20 Francs Tel.78305066

* zwischen 12 h + 14 h wechselnde, partielle Schließung!

Musée de la Civilisation Gallo-Romaine (19)
17, Rue Cléberg

Unter dem äußeren Schein betongewordener Häßlichkeit baute Architekt Bernard H. Zehrfuss fünfstöckig in die Tiefe des Hügels Fourvière,

und so sind die Überreste der gallisch-römischen Zivilisation da aufgehoben, wo man sie einst fand. Abwärts wandert der Besucher einen Spiralengang durch siebzehn Sektionen – aufwärts bringt ihn der Fahrstuhl zurück an den Ausgangspunkt. In jeder Abteilung informiert eine Beschreibung ausgiebig und interessant, wenn auch leider nur auf Französisch, über Entwicklung und Ausprägung der gallo-romanischen Kultur. Am Eingang ist die deutsche Übersetzung als Buch erhältlich. Für Lateinkundige: die Tafeln des Kaisers Claudius hängen in Saal IV. Dieser Lugdunumer, am 1. August 10 n. Chr. in Lyon geboren, gewährte seinen gallischen Freunden, was er im Senat für sie erstritten hatte: das begehrte römische Bürgerrecht. Sein berühmter Diskurs wurde auf einer Bronzetafel verewigt. Von den Teilstücken der in irgendeinem Jahrhundert zerbrochenen table claudienne sind bis jetzt erst zwei gefunden worden. Vielleicht bringt der Metro-Ausbau die noch fehlenden Scherben ans Tageslicht. In Saal VIII thront das Gigantenhaupt der Kybele mit Spuren einer ehemaligen Haarbemalung: blutrot. Der nächste Raum ist das Herzstück des Museums. Ein Modell veranschaulicht die Architektur des antiken Lugdunum – daneben gibt ein Fenster den Blick auf das Ausgrabungsgelände frei, so daß in der Vorstellung des Betrachters Damals und Heute verschmelzen können. Doch auch die zahlreichen anderen Ausstellungsstücke tragen dazu bei, das antike Lugdunum vor dem Auge des Betrachters wieder lebendig werden zu lassen: Statuen, Grabtafeln, gallische Streitwagen aus der Eisenzeit, wertvolle Mosaike, Hausrat und Gegenstände des täglichen Bedarfs sind mustergültig exponiert.

Geöffnet: Mittwochs bis sonntags 9.30–12 und 14–18 Uhr. Eintritt 20 Francs; Tel. 78 25 94 68

Musée Guimet d'Histoire Naturelle (20)
28, Boulevard des Belges

Die 1772 gegründete naturkundliche Sammlung, eine der ältesten

Im Musée de la Civilisation Gallo-Romaine

Europas, wurde 1913 aus dem Palais Saint-Pierre in das heutige Haus verlegt, dessen Erbauung man Émile Guimet verdankt. 1879 beauftragte er den Architekten Chartron, für Lyon ein Museum zu errichten, das seine religionsgeschichtliche Sammlung aufnehmen sollte. Indes, daraus wurde nichts: Guimet vermachte seine Schätze Paris, und das dreieckige Gebäude blieb unvollendet. Mit erheblichem Verlust verkaufte die Stadt es schließlich an die »Frigorifique«-Gesellschaft, die aus der Baustelle das erste Eislaufstadion Lyons machte. In dem großen Saal, wo heute vorsintflutliche Skelette die Kinder entzücken, tummelten sich bis 1909 Schlittschuhläufer. Dann kaufte Lyon das Gebäude zurück, um darin Reste der Guimet-Kollektion und seine Flora und Fauna-Dokumentation unterzubringen. Diese Sammlung ist ein wenig verstaubt und nicht auf den neuesten Stand der Präsentationskunst (seit 1964 wird renoviert). Trotzdem erfreut sie sich eines großen Besucherandrangs und manchmal lautstarker Resonanz bei den Kindern. Sie drängen sich um einen Wal: »Tas vue, Maman? Seine Zunge wiegt 3158 Kilo!« Das Museum umfaßt bis jetzt sieben Abteilungen: Mineralogie, Paläontologie, Zoologie, Ethnologie, Ägyptologie, Aquarien und die Region Lyonnaise.

Geöffnet: Mittwochs bis sonntags 14–18 Uhr. Eintritt 20Francs (Kinder 10Francs); Tel. 78932233

Musée de l'Imprimerie et de la Banque (21)
13, Rue de la Poulaillerie

Wer sich für Bücher und wie sie gemacht werden interessiert und außerdem gut französisch versteht, den wird die didaktische Aufbereitung dieser Ausstellung begeistern. Lückenlos, durch Fotos und Objekte veranschaulicht, entrollt sich in diesem verwinkelten Gebäude die Geschichte der Gravuren- und Buchdruckerkunst – von einer Seite der Gutenbergbibel bis zum Offsetdruck. Eine interessante Studie vergleicht die jährliche Buchproduktion in Frankreich während verschiedener Epochen. Unter Napoleon III., im Second Empire, überschritt sie 12 000 Titel. 1960 wurden dagegen nur 11 782 Bücher gedruckt. Sehenswert sind die große Kollektion der Modeln von Miniaturholzschnitten aus dem 16.-18. Jahrhundert, mit denen die Bibel illustriert wurde (2. Stock), sowie antike Druckpressen, Papierschneidemaschinen und Typographen. Außerdem enthält das Museum eine Dokumentation des Bankwesens, vor allem des Crédit Lyonnais, einer der führenden Geschäftsbanken Frankreichs.

Geöffnet: Donnerstags, samstags und sonntags 9.30–12 und 14–18 Uhr, freitags 9.30–18 Uhr, mittwochs 15–18 Uhr. Eintritt frei; Tel. 78 37 65 98

Musée de la Marionnette im Hôtel de Gadagne (22)
Place du Petit-Collège

Selbst wenn die mechanischen Gliedermenschen unbelebt im Glas-

kasten hängen, spricht noch unnachahmliche Anmut aus ihren Ge-
sten. Die Puppengesellschaft, die in dem 1527 gebauten Haus der flo-
rentinischen Bankiersfamilie Gadagne wohnt, ist international. Ihre
wertvollsten Vertreter stammen aus der Kollektion von Léopold Dor,
die seit 1956 das Museum bereichert. In Saal XIV hat ein kinder-
großer Pierrot gerade sein Maskenlachen vom Gesicht gezogen und
blickt aus dunklen Augen so traurig, daß man meint, gleich eine Trä-
nenflut hervorquellen zu sehen. Neben ihm präsentiert sich »Le
Jongleur«. Die Gedanken verheddern sich, wenn man versucht, den
Mechanismus zu begreifen, der ihn auf einer Bühne bewegen würde.
Es handelt sich um Marionettenspiel hoch drei: Der Mensch führt per
Faden den Jongleur und dieser mit seiner Rechten einen Miniaturkol-
legen, der mit der linken Hand wiederum eine Puppe tanzen läßt. Neben unterschiedlich gearbeiteten Guignol-Marionetten beherbergt das

Marionetten im Hôtel de Gadagne

Museum auch Schattenfiguren aus der Türkei und aus Femost sowie Marionetten aus Java, England, Holland, Rußland und anderen Ländern.
Geöffnet: l0.45–18 Uhr, freitags bis 20.30Uhr, dienstags geschlossen. Eintritt ??
frei. Im selben Gebäude befindet sich Lyons Historisches Museum, S. 149

Musée de la Résistance (23)
5, Rue Boileau

Während des Zweiten Weltkriegs sind viele Franzosen nach Deutschland deportiert worden. Die in zwei Räumen ausgestellten Fotografien, Briefe, Kleidungsstücke und persönlichen Gegenstände erinnern an das Leben der Häftlinge in deutschen KZs und den Kampf des Maquis, der Widerstandsbewegung gegen Hitler und das Vichy-Regime. Mit dieser kleinen Dokumentation unterstreicht Lyon seinen Anspruch auf den Titel »Hauptstadt der Résistance«. Jean Moulin hatte von hier aus den Widerstand in ganz Frankreich organisiert, bis er 1943 in dem Vorort Caluire verhaftet wurde. Die Stadt erhielt später das Kreuz der Ehrenlegion, das Kriegskreuz sowie die Medaille der Résistance.
Geöffnet: Mittwochs bis sonntags 10.30–12 und 13–18 Uhr. Eintritt frei, Tel. 78932783

Musée Historique des Tissus (24)
34, Rue de la Charité

In den Räumen des Hôtel de Villeroy, einem reichen Bürgerhaus des 18. Jahrhunderts, wurde 1951 eine beispiellose Textilkollektion untergebracht. Seitdem sind die zahlreichen hohen Fenster meist verdunkelt, um die wertvollen Ausstellungsstücke vor dem Ausbleichen durch grelles Sonnenlicht zu schützen. Gewebe aus der koptischen Kultur Ägyptens neben wunderschönen Seidenträumen Lyoner Weber: Das weltgrößte Stoffmuseum spinnt den Faden des Weberhandwerks von den Anfängen bis ins 20. Jahrhundert. Es scheint keinen Stoff, kein Dessin, keine Web- und Sticktechnik zu geben, die nicht in diesen Sälen vertreten wäre. Die Schätze des Museums sind so unerschöpflich, daß die Objekte in unregelmäßigen Abständen ausgetauscht werden, um anderen, noch nicht ausgestellten Kostbarkeiten Platz zu machen. Auf eine genaue Saalbezeichnung wurde hier daher verzichtet.

Prunkstück der ältesten Exponate ist ein 1600 Jahre alter roter Mantel aus reiner Kaschmirwolle. Das Seidengemälde »Feldblumen« schimmert in silbriger Raffinesse, und die »Paradiesvögel« von Schulz et Bérand sind so fragil gestickt, daß man zur Lupe greifen möchte. Der »Meerkater im Mondenschein«, eine Seidenstickerei aus Japan, ist im wörtlichen Sinne haargenau wiedergegeben. Stoffdrucke des Malers Raoul Dufy und der Malerin Sonia Delaunay vertreten die Moderne. Eine historische Modenschau präsentiert unter anderem die phrygische Mütze der Jakobiner und Damenschuhe aus der Biedermeierzeit, bei denen man sich fragt, wie man in so viel Winzigkeit überhaupt gehen konnte.

Geöffnet: Zur gleichen Zeit wie das Musée des Arts Décoratifs (17), für das die Eintrittskarte (16 Francs, mittwochs frei) ebenfalls gilt; Tel. 78 3715 05

Opéra (Grand Théâtre) (25)
Place de la Comédie

Wo sich im Mittelalter die städtischen Bogenschützen übten, entstand im Jahr 1756 das erste *Grand Théâtre*. D'Alembert lobte das Gebäude in einem Brief an Voltaire: »Der neue Saal ist sehr schön und eines Soufflot würdig, der ihn gebaut hat. Es ist der erste Saal, den wir in Frankreich haben, und ich wäre dafür, als Inschrift anzubringen: longo post tempore venit (Er kam, wenn auch spät)«. Doch lange sollte der Bau nicht bleiben: Bereits 70 Jahre später wurde er abgerissen. Angeblich war er nicht groß genug. Das neue Opernhaus, 1831 eröffnet, hatte 1100 Plätze. Sein Architekt, der junge Paul Chenavard, liebte offensichtlich die strahlende Urania wenig, denn er stellte auf das Dach nur acht Musen – die Sternkundige glänzt durch Abwesenheit. Dem Gebäude fehlt es auch anderweitig an schönem Schein. So ist der grelleuchtende Hinweis »Opéra« in der Fassadenmitte genauso stillos wie überflüssig. Die trostlose Einrichtung und mangelnde Sicherheitsvorkehrungen führten 1987 zur Schließung, nachdem sich die Stadtväter von der Notwendigkeit eines völligen Umbaus überzeugt hatten. Nach einem Entwurf des französischen Stararchitekten Jean Nouvel wird das klassizistische Bauwerk z. Zt. entkernt und mit einer futuristischen Glaskuppel überhöht. Geplant sind ein ganz in Schwarz gehaltener Saal für 1300 Personen ein Amphitheater mit 200 Plätzen, ein Aufnahmestudio, ein Ballett-Studio sowie drei zusätzliche Stockwerke für Verwaltung und Bühnenwerkstätten. Die Eröffnung ist für Ende 1992 vorgesehen, der Kostenaufwand wird mit rund 130 Millionen Mark angegeben.

Palais du Commerce (26)
Rue de la Bourse

Die neubarocke Handelskammer, 1856-60 von René Dardel erbaut, ist eines der am überschwenglichsten mit Stuck dekorierten Gebäude Lyons und lohnt mindestens zwei Blicke, denn neben der Vorder- ist auch die Rückfront sehenswert. Man betritt sie von der Place de la Bourse aus. Von der Galerie im 1. Stock genießt man den Blick auf den großen Börsensaal mit den Anschlagtafeln für die Börsenkurse. Mächtig überladen ist die Decke des Saales, die von schönbusigen Weibern und muskulösen Jünglingen anmutig getragen wird.

Palais de Justice (27)
Quai Romain-Rolland

Unübersehbar hat sich Architekt Louis-Pierre Baltard (1764-1846) mit

Der einem griechischen Tempel nachempfundene Justizpalast

der Fassade des Justizpalastes am Athener Parthenon-Tempel orientiert, auch wenn die korinthischen Kapitelle der 24 Säulen einem späterem Geschmack entsprechen und die Proportionen des Gebäudes nicht vollkommen stimmen. Nach der Vollendung,1835, ereiferte sich ein Advokat über das Prunkstück: »Malgré son prix énorme, on le décrit d'un trait: Façade ambitieuse et flancs qui font regret!« (Trotz seiner gewaltigen Kosten hat er nur ein Merkmal: anspruchsvolle Front und enttauschende Flügel.)

Palais Saint-Jean (28)
Avenue Adolphe-Max

Von dem Erzbischofssitz, im 15. Jahrhundert durch Kardinal Charles de Bourbon errichtet, steht nur noch ein Treppentürmchen, liebevoll restauriert. Das Gebäude wurde Ende des 18. Jahrhunderts völlig umgebaut und ist heute Sitz der Académie des Sciences et Belles Lettres. Am 2. Juni des Jahres 1700 schrieb der französische Kunsttheoretiker Nicolas Boileau-Despréaux in froher Erwartung an den Lyoner Gelehrten Claude Brossette: »Ich bin begeistert über die Akademie, die in Ihrer Stadt entsteht. Sie wird ohne große Mühe die Akademie von Paris an Würde übertreffen.« Diese Hoffnung wurde zwar nicht eingelöst, aber immerhin war u. a. Voltaire Mitglied der Lyoner Akademie. In ihren Räumen verkörperte er 1754 in einem seiner Stücke den Brutus.

Heute sind in dem Gebäude eine städtische Bücherei und die Archives Municipales, das Stadtarchiv, untergebracht. Wer den Staub der Jahrhunderte nicht fürchtet, findet im Fremdenregister von 1802 die amtliche Eintragung: »Alter: 32 Jahre, Größe: 1 Meter 766 Millimeter, Haar und Brauen: kastanienbraun, Augen: braun, Nase: mittelgroß, Mund: klein, Kinn: rund, Stirn: bedeckt, Gesicht: oval«. Der so beschriebene Wanderer, der auf seinem Weg nach Bordeaux in Lyon Station machte, war kein anderer als Johann Christian Friedrich Hölderlin, wie die Unterschrift bezeugt. Als Beruf vermerkte der französische Beamte in altmodisch-schöner Genauigkeit: homme de lettres.

Salle Rameau (29)
Rue de la Martinière

Jean-Philippe Rameau, der Begründer der modernen Harmonielehre, wurde zwar nicht direkt in Lyon geboren, war hier aber viele Jahre lang als Organist tätig. Das nach ihm benannte Musikpalais wurde 1908 gebaut. Der französische Jugendstil, der zu dieser Zeit eigentlich schon am Verblühen war, zeigt sich an der Front noch einmal von seiner prächtigsten Seite. Man darf von der Fassade allerdings nicht auf den Konzertsaal schließen: Er ist spartanisch wie eine Turnhalle. Eine Besichtigung lohnt sich nicht.

Théâtre des Célestins (30)
Place des Célestins

Der Name des Theaters leitet sich nicht von dem Heer der Barockengelchen ab, die den Innenraum beflügeln, sondern von den Zölestinern, dem »Orden der Himmlischen«, den der spätere Papst Zölestin V. im 13. Jahrhundert gründete. Bereits 1791 stand auf diesem Platz ein Schauspielhaus, das während der Revolution in eine »Schule der Sitten«, zumindest dem Namen nach, umgewandelt wurde. Das heutige Théâtre erbaute Gaspard André, der auch den Brunnen auf der Place des Jacobins entwarf. Die Decke des kleinen familiären Zuschauerraums schmückt ein Fresko »Der Traum des Aristophanes«. Wie die Opéra kann auch das Theater nur im Rahmen der abendlichen Veranstaltungen besichtigt werden.

Das altrömische Amphitheater

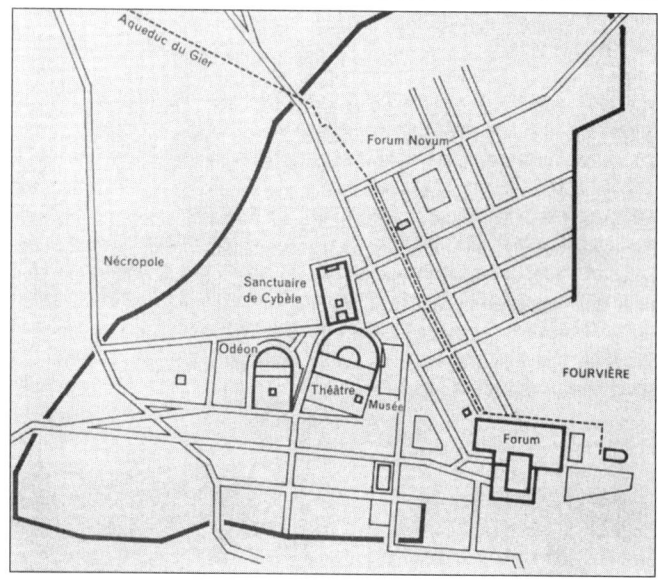

Aqueduc du Gier

Forum Novum

Nécropole

Sanctuaire
de Cybèle

Odéon

FOURVIÈRE

Théâtre

Musée

Forum

Théâtres Romains (31)
8, Rue de l'Antiquaille

Seit 1933 wird hier nach den Resten der gallisch-römischen Zivilisation Lugdunums gegraben; die bisherigen Funde sind beachtlich. Bis
heute wurden vier Bauwerke entdeckt. Das Grand Théâtre, 16 v. Chr.
unter Augustus errichtet, wurde 121 n. Chr. von Hadrian vergrößert.
Dieses erste Theater Galliens war mit 108 m Durchmesser größer als
die von Arles und Orange. Rund 10 000 Zuschauer konnten sich hier
an Plautus' Komödien ergötzen. Stolz sind die Archäologen über die
Entschlüsselung des antiken Vorhangmechanismus, von dem sich ein
erklärendes Modell im Musée de la Civilisation Gallo-Romaine (19)

befindet Das Odéon, im 2. Jahrhundert erbaut, bot 3000 Menschen die Möglichkeit, Konzerte und Vorträge in einer ausgezeichneten Akustik zu hören. Der bunte geometrische Fußbodenbelag entspricht einer strengen Rekonstruktion. Alljährlich im Sommer erwachen Grand Théâtre und Odéon beim »Festival de Lyon« zu neuem Leben. – Oberhalb des Theaters stand der Tempel der Kybele, einer kleinasiatischen Göttin. In den Ausmaßen so riesig wie das Heiligtum in Ostia (86 m lang und 52 m breit), wurde er am 9. Dezember 160 eingeweiht. Zur Frühlingszeit verehrten hier die Gallo-Romanen ihre »Große Mutter« mit orgiastischen Opferfesten.

Geöffnet: Täglich von 9 Uhr bis Sonnenuntergang. Eintritt frei

Villeurbanne (32)

Wer sich unter Lyons *gratte ciel* (Wolkenkratzer)-Viertel ein Klein-Manhatten vorstellt, wird enttäuscht sein. Hier kratzen die Häuser eben gerade am untersten Rand der Dunstglocke. Die meisten wurden Anfang der 40er Jahre gebaut, als die europäische Hochhausarchitektur noch in den Kinderschuhen steckte. Eben darum kann das Zentrum von Villeurbanne heute als avangardistisch für den Städtebau der damaligen Zeit gelten. Rund um die ehemalige Place de la Libération (heute Place Docteur-Lazare-Goujon) entstand ein architektonisches Ensemble von Wohn; Kultur- und Verwaltungsgebäuden, das die Bedürfnisse seiner Bewohner in einem Baukomplex befriedigen sollte. Robert Giroud entwarf das Rathaus, einen Kompromiß zwischen Historismus und Neuer Sachlichkeit. Morice Leroux konstruierte das sogenannte Haus der Arbeit (Palais du Travail) auf der gegenüberliegenden Seite des Platzes. Beide Bauten zeichnen sich durch die strenge Symmetrie ihrer Fassade aus, doch wurde die Monotonie großer Betonflächen vermieden, indem der Baukörper beim Rathaus durch vor- und zurückspringende Elemente und beim Haus der Arbeit durch unterschiedliche Fensterformen unterbrochen wird. Beide Fassaden werden durch einen Wechsel von Horizontal- und Vertikallinien gegliedert. Im Palais du Travail ist neben Gewerkschaftsbüros, sozialen

Einrichtungen und einem Hallenbad das berühmte, von Roger Planchon gegründete Théâtre National Populaire (T. N. P.) untergebracht
(S. 152). Hinter dem Rathaus erstreckt sich die Avenue Henri- Barbusse, eine Villeurbannesche »Stalinallee«, die links und rechts von
9-18stöckigen Wohnblocks gesäumt wird. Von Balkonen und Dachter-
rassen aufgelockert, wirken ihre Fassaden menschlich proportioniert,
wenn vielleicht auch kleinkariert
Métro, Linie A, Richtung Bonnevay, Station Gratte-Ciel

Lyon en face

Pierre Bertaux (1908-1986)

Germanist, Polizist oder Politiker? Bertaux zu etikettieren, fällt schwer, denn der Berufe und Berufungen waren viele: Hochschullehrer, Leiter des Französischen Deutschlandfunks, Generaldirektor einer Baufirma, Präfekt der Rhône-Region, Chef des Staatssicherheitsdienstes, Senator des Sudan und vor allem Schriftsteller. Nonkonformist quasi von Geburt an, hat er nie eine Volksschule besucht. Den Unterricht im Allgemeinen erteilte ihm der Großvater, den im Besonderen (Klavier) André Gide. Das Studium an der École Normale Supérieur, Frankreichs Eliteschule, eröffnete ihm die Laufbahn in Schlüsselpositionen des öffentlichen Lebens. Höhepunkt seiner politischen Karriere war die Ernennung zum Präfekten der Rhône-Region im Juni 1947. Die beiden Jahre, die er unter dem Vichy-Regime wegen progaullistischer Aktivitäten im Zuchthaus saß, hatten ihn im Sumpf der Kollaboration als integer ausgewiesen. Seine verblüffende Zivilcourage kostete ihn später die Position als Chef des Staatssicherheitsdienstes. »Ein Gangster mit Ehrgefühl ist mir lieber als Leute, die keins haben«, äußerte er in dem spektakulären Prozeß um den Raub der Begum-Juwelen, in den er auf mysteriöse Weise verwickelt schien. Am Tage darauf enthob ihn der Innenminister des Amtes. Bertaux zog sich in den Elfenbeinturm der Germanistik zurück, doch suchte er auch hier die Konfrontation. Mit der These »Hölderlin war nicht geisteskrank!« machte er in Deutschland von sich reden. Die letzten Jahre seines Lebens lehrte er an dem 1968 von ihm gegründeten Institut der Sorbonne-Nouvelle in Paris-Asnières Germanistik.

Joseph-Marie Jacquard (1752 - 1834)

Als Sohn armer Weber hatte Jacquard bereits in zartem Alter Gelegenheit, Aufbau und Funktionsweise der Webstühle zu studieren denn in den Familienbetrieben mußten die Kinder mitarbeiten. Ihre Aufgabe war es, die gewichtsbeschwerten Kettschnüre zu halten Jacquard erfand nun eine Mechanik, die mit Hilfe von Lochkarten das Weben auch der kompliziertesten Muster ermöglichte und die Kinder von ihrem Frondienst befreite. 1801 ließ er sich seine geniale Erfindung patentieren. Die Lochkarten wurden nach einer Zeichnung mit einer Klaviaturmaschine gestanzt. Ganze »Spiele« konnte man ohne weiteres kopieren. Jacquard hat dem Webstuhl sozusagen das Denken beigebracht. Die neue Mechanik erleichterte nicht nur das Weben sie machte auch Hilfskräfte überflüssig. Der Webstuhl konnte von einer einzigen Person bedient werden, deshalb fürchteten die *canuts* zunächst um ihre Arbeitsplätze – Jacquard erhielt regelmäßig Morddrohungen. Die Vereinfachung der Arbeit ermöglichte aber gleichzeitig eine enorme Produktionssteigerung, die auch den Webern zugute kam, und so wurde, zu guter Letzt, Jacquards Erfindung anerkannt und er als Wohltäter der Croix-Rousse gefeiert.

Louis-François Janmot (1814-1892)

»Auch er ist aus Lyon. Ein religiöser und elegischer Geist – er muß bereits in jungen Jahren von der Lyoner Bigotterie geprägt worden sein.« So ereiferte sich Charles Baudelaire über seinen malenden Zeitgenossen, den er nichtsdestotrotz in der Technik mit Albrecht Dürer verglich. Janmot, der als ein Hauptvertreter des Symbolismus gilt, machte in seinem Werk Anleihen bei Caspar David Friedrich, Sandro Botticelli und den Präraffaeliten. Während der erste Teil seines Zyklus »Poème de l'âme«, die im Musée des Beaux-Arts zu sehenden achtzehn Gemälde, ein traumverklärtes Leben darstellt, lesen sich die sechzehn Zeichnungen wie eine Autobiographie. »Le Fantôme«, Janmots Ahnung des Unbewußten, ist eine bildliche Vorwegnahme der erst Jahrzehnte später entwickelten Theorien Sigmund Freuds und C. G. Jungs: Ein Mann wird von einer verrnummten Gestalt, die ihm wie ein Schatten anhängt, vorwärts gedrängt. Dazu der Vers des Malers: »Schritt für Schritt, so folg' ich dir schon lang' und seh' in deiner Seele, was du nicht sehen kannst.« Janmot war Zeit seines Lebens besessen von der Idee, sein »Poème« nicht vollenden zu können. Seine Sorge, der Tod könne ihn vorher ereilen, war aber zum Glück unbegründet.

Louise Labé (1522-1566)
Ob Louise tatsächlich im Alter von 44 Jahren gestorben ist, läßt sich nicht mehr feststellen, da sie aus Eitelkeit ihr Geburtsdatum zu frisieren pflegte. Die Lyonerin, die zu einer der wichtigsten literarischen Vertreterinnen ihrer Zeit wurde, erhielt eine Erziehung, wie sie damals nur Frauen der italienischen Renaissance anstand: weniger um die öffentliche Moral, dafür aber um so mehr um die Förderung eigener Qualitäten bekümmert. Auf Festen spielte Louise die Laute und interpretierte italienische Gedichte. In ihren Dichtungen versuchte sie sich von der Vormundschaft des damals herrschenden literarischen Geschmacks, verkörpert im Werk des Lyoners Maurice Scève, zu emanzipieren. Ihr Werk umfaßt drei Elegien, die als ein intimes Tagebuch gelesen werden können, sowie ein Streitgespräch in Prosa zwischen Torheit und Liebe, das später oft nachgeahmt wurde, beispielsweise von Jean de La Fontaine. Außerdem verfaßte Louise Labé 24 von Petrarca beeinflußte Sonette, die Rainer Maria Rilke ins Deutsche übertragen hat: »Ich halte mich ja so mühsam in mir ein/ und lebe nur und komme nur zu Freude/ wenn ich, aus mir ausbrechend, mich vergeude.« Mit diesem Lebensgefühl brach die Labé auch aus der Lyoner Gesellschaft aus. Achtzehnjährig hatte sie einen viel älteren Mann geheiratet, einen Kaufmann, der mit Seilerwaren handelte, was ihr den Beinamen »La Belle Cordière« (Die Schöne Seilerin) einbrachte. Freimut und Ungezwungenheit dieser Dichterin, die nicht nur ihren Gatten liebte, empörten die strengen Zeitgenossen, vor allem die des eigenen Geschlechts. Louise wandte sich oft abbittend an die »Damen«, um deren Anerkennung sie rang. Die rümpften jedoch die Nase und sagten ihr ein Ende am Galgen voraus. Nachdem ihr ein enttäuschter Liebhaber einen Skandal gemacht hatte, zog sich die Labé aus dem

öffentlichen Leben zurück aufs Land, wo sie den Rest ihrer Tage als »bonne dame un peu triste« verkümmerte. Im Jahr 1983 errichteten die Lyoner ein 3,50m hohes Denkmal in repräsentativer Lage zwischen Oper und Rathaus; ihr Ruf scheint endgültig rehabilitiert.

Laurent Mourguet (1769-1844)
Der Erfinder des französischen Kasperles Guignol (S.135) wurde am 3. März 1769 in der Kirche Saint-Nizier getauft. Über das genaue Geburtsdatum schweigen die Annalen. Er wuchs in kargen Verhältnissen auf und mußte später selbst zehn Kinder ernähren. Um seine Familie trotz der häufigen Arbeitslosigkeit durch die Revolutionsepoche zu bringen, war ihm jedes Handwerk recht. Nachdem er als Verkäufer von Markt zu Markt gewandert war, verschrieb er sich der Kunst des Zähneziehens. Ein großes Schild lockte Kundschaft an: »Hier werden ihnen die Zähne ohne Schmerz gezogen!« Um die Opfer während der Prozedur abzulenken, inszenierte er kleine Marionettenspiele. Der Aufbau der Bühne war denkbar primitiv, der Erfolg gewaltig. Im Winter gab er zusätzliche Vorstellungen neben seinem Haus an der Place Saint-Paul, im Sommer 1804 eröffnete er eine winzige Bühne im Viertel Brotteaux. Mourguet, der schlecht oder, besser gesagt, gar nicht schreiben konnte, erfand seine Stücke von Tag zu Tag neu. Diese Improvisation erlaubte ihm, spontan auf aktuelle Ereignisse einzugehen und sie zu kommentieren. Erst Ende des 19. Jahrhunderts wurden die Stücke gesammelt und aufgeschrieben. Sechs Jahre vor seinem Tod installierte Mourguet ein Theater im Caveau des Célestins. Daraus entstand die erste ständige Puppenspielbühne in Lyon.

Louis Pradel (1906-1976)
An Selbstbewußtsein hat es Lyons Bürgermeister nie gemangelt. Wenn der Sonnenkönig Louis XIV. von sich behauptete: »L'état c'est moi!«, so sprach Betonkönig Louis Pradel von sich wie von einer leibhaftigen Verkörperung der Stadt: »Moi, je n'ai qu'une autoroute de 12 kilométres«. Pradel wurde im Dezember 1906 im Cours Lafayette geboren.

Seinen Militärdienst absolvierte er 1926 in Koblenz, wo im gleichen Jahr Frankreichs Ex-Präsident Giscard d'Estaing geboren wurde. Louis' großes Vorbild war der ehemalige Lyoner Bürgermeister und spätere Ministerpräsident Eduard Herriot, dessen Radikalsozialistischer Partei er als Achtzehnjähriger beitrat. Von 1957 bis 1976 regierte er dann als dessen Nachfolger im Lyoner Rathaus und ging praktisch nur zum Schlafen nach Hause. Pradels Leidenschaft, Lyon in Beton zu verewigen, bescherte ihm einige Feinde und der Stadt eine Menge grauer Bauten. Der Spitzname »Roi du Béton« schien ihm nicht unangenehm zu sein – am liebsten hatte er auf den Baustellen selbst mit angepackt. In seiner Autobiographie stellt er sich selbst als denjenigen dar, der Lyon aus steinzeitlichem Dornröschenschlaf erweckte. Für die Zeitung »Le Monde« wurde die Stadt eine »Ville pradellement bétonnée«. Wen wundert es, daß Silhouette und Name des Glatzkopfes zu den Lieblingsaccessoires gehören, mit denen Lyon sich schmückt. Jüngste Huldigung an ihren Betonkönig ist die Place Louis-Pradel, eine gelungene Mischung aus Blumenrabatten, Sitzbänken, Brunnen und Bronzeskulpturen vor dem 1982 eingeweihten Annex des Rathauses. Daß man ihn auch »Zizi« rief, geht auf Pradels Ausspruch anläßlich des Prostituiertenaufstandes von 1975 zurück: »La solution, c'est de couper le zizi à tous les Français« - auch eine Lösung des Prostituiertenproblems.

Antoine de Saint-Exupéry (1900-1944)

»Saint-Exupéry hatte einen erstaunten Blick, eine erstaunte Nase, ein erstauntes Gesicht, und trotzdem trat aus seinem klaren und gesunden Antlitz der Eindruck von etwas sehr Ernsthaftem hervor.« So beschreibt Léon-Paul Fargue den Autor des »Kleinen Prinzen«, der als Sohn eines Grafen in den Schlössern der adligen Verwandtschaft aufwuchs. Mit 21 Jahren wurde er Pilot. Flüge, Abstürze und Notlandungen sind Hauptthemen und gleichzeitig Voraussetzung für das Entstehen seiner Bücher. Saint-Exupéry schrieb nicht nur über, sondern, wie er selbst sagte, »mittels« des Fliegens. Ihn inspirierte die Einsamkeit zwischen Himmel und Erde. Fünf Abstürze überlebte er, bis er im Juli

1944, kurz vor der Landung der alliierten Truppen, mit einem Aufklärungsflugzeug spurlos verscholl.

Pierre Valdo (1140-1217)

Den Vornamen Peter oder Petrus hat man Valdo erst lange nach seinem Tod gegeben; für die Schreibweise des Nachnamens gibt es mehrere Möglichkeiten: Valdes, Valdus, Valdesius, Waldensis etc Dieser französische Revolutionär, Begründer der Waldenser-Bewegung, wurde im 12. Jahrhundert in Lyon geboren. Er wuchs in wohlhabenden Verhältnissen auf und wollte ein Leben in ernsthafter Nachfolge Christi führen. Also versorgte er seine Familie und verschenkte den Rest seines Vermögens an die Armen. Die beiden Grundprinzipien seiner Lehre waren freiwillige Armut und das Recht jedes Gläubigen zu predigen. Valdo wanderte als Laienprediger durch Italien und Südfrankreich und lebte sein Ideal eines tätigen Christentums. Er hatte sich ursprünglich nicht als Abtrünniger der Kirche und Anführer einer häretischen Bewegung sehen wollen, aber als Rom ihm die erbetene Erlaubnis zur Laienpredigt verweigerte, kam es zum Bruch mit der katholischen Kirche, die Valdo und seine Anhänger, die »Armen von Lyon«, exkommunizierte. 35 Jahre später, am 16. April 1217, verbrannte man ihn auf dem Scheiterhaufen. Aber während alle mittelalterlichen Sekten weitgehend von der Inquisition ausgerottet wurden, überlebten die Waldenser bis in unser Jahrhundert. Heute existieren große Gemeinden in Savoyen und Piemont sowie in Südamerika. In Rom gibt es eine theologische Fakultät der Waldenser. Ihr Fortbestehen verdanken sie dem stark karitativen Zug ihres Armutsideals, einem absoluten Pazifismus und ihrer beeindruckenden sozialen Arbeit, aufgrund derer sie in allen Ländern durch Jahrhunderte, wenn nicht anerkannt, so doch geduldet wurden. Ein handschriftliches Glaubensbekenntnis Valdos, das dem Jahr 1180 zugeschrieben wird, befindet sich in der Nationalbibliothek in Madrid.

Lyoner Besonderheiten

Das Lyoner Boulesspiel

Es regnet Bindfäden, in den Straßen promenieren noch nicht einmal mehr die Katzen, aber zwischen den Bäumen des Parks stehen wie schwarze Pilze ein paar Männer unter großen Regenschirmen und rollen schweigend ihre Kugeln. Lyoner Stilleben. Ein passionierter Spieler beklagte aufrichtig »die Unglückseligen, denen ihr bleiernes Alter schließlich versagt sich zu bücken und deren schwachgewordene Augen nicht mehr die Distanz abzuschätzen vermögen. Sie sind tot, noch bevor sie gestorben sind«. Das *jeu de boules*, bei dem Stahlkugeln so nah wie möglich an eine kleine Holzkugel herangeworfen werden, ist das Spiel der französischen Nation, und doch auch wieder nicht ein Sport für jedermann, noch weniger für jede Frau: Die Gleichberechtigung wird hier noch lange auf sich warten lassen. Junge Manner boulen seltener als alte. Überhaupt ist für viele Franzosen, voran die Lyoner, Boulesspielen ein Privileg des *homme mûr*, des reifen Mannes. Es ist für sie kein Spielchen, um sich die Langeweile zu vertreiben, sondern Ausdruck einer Lebenshaltung. Ein veritabler *bouliste* lebt so maßvoll und bedächtig, wie er spielt. Der Schriftsteller Clair Tisseur behauptet denn auch: »Zeigt mir einen Boulesspieler, und ich sage euch seinen Charakter, seine Gewohnheiten und seine politischen Ansichten.« Für ihn ist das Kugelspiel »l'art pour l'art«; dabei übt man sich in dieser Kunst in Lyon anders als beispielsweise in Marseille. Man unterscheidet zwei Hauptarten: *pétanque* wird, wie der Name (provenzalisch: *péd tanco*, festgehefteter Fuß) andeutet, die Kugel aus dem Stand geworfen, beim *jeu provençal* dagegen Anlauf genommen. Eine Bouleskugel – an die zweieinhalb Millionen werden jährlich in Frankreich hergestellt – hat einen Durchmesser von 9-11 cm und wiegt

zwischen 700 und 1300 Gramm. Gewicht, Herstellername und Seriennummer sind eingraviert. Ein Profi wechselt seine Kugeln jedes Jahr, was übrigens nicht billig ist. Unter den Spielern gibt es *tireurs* (Schießer) und *pointeurs* (Zieler). Der »Zieler« versucht, seine Kugel so nah wie möglich ans »Schweinchen« (*cochonnet*), die kleine Zielkugel, zu rollen. Eine Kugel »schießen«, heißt dagegen, sie so treffend zu werfen, daß sie die gegnerische »köpft«, sprich: wegkatapultiert. Hat ein *tireur* aber versehentlich die Kugel des Gegners näher ans Ziel herangeschossen, schimpft sich das »un coup pour rien«. Als ideale Mannschaftszusammensetzung gelten 3 *tireurs* und 1 *pointeur.* Diese Formation ist eine *quadrette,* vier gegen vier mit zwei Kugeln pro Spieler. Bei der *doublette* spielen zwei gegen zwei mit je drei Boules. Wer mit einem Partner *tète-à-tète* boult, hat ein Recht auf vier Kugeln. In der Regel endet eine Partie mit dreizehn Punkten. Über acht Millionen Franzosen kullern in ihrer Freizeit stundenlang die Stahlkugeln, rund vierhunderttausend Spieler schlossen sich zu professionellen Clubs zusammen. Natürlich bezeichnet sich Lyon als Hauptstadt des Boulesspiels. Für André Duluc, Funktionär der Boulistenvereinigung, ist das ein Verdienst der Tradition. Schließlich sind »seit 1378 die Päpste italienisch und seit 1922 die Präsidenten der F.F.B. (Fédération Française de Boules) lyonesisch«. Ersteres darf heute als überholt gelten, Lyon aber ist nach wie vor das Lieblingsfeld französischer Boulisten. Clair Tisseur sah allerdings schon vor 100 Jahren eine ernstliche Bedrohung in der »Manie, überall zu bauen, so daß man demnächst Boules im Zimmer spielen muß«.

Die Lyoner Gastronomie

Lyon beansprucht für sich, die gastronomische Hauptstadt Frankreichs zu sein. Durch seine geographische Lage im Herzen der Region Rhône-Alpes, so groß wie die Schweiz, aus der die besten landwirtschaftlichen Produkte allmorgendlich frisch in die Markthallen kommen, zu denen sich noch die exquisiten Weine der Côte du Rhône oder des Beaujolais gesellen, war es zum Mekka der Feinschmecker geradezu prädestiniert.

Links: Lyoner beim Boulesspiel

Wer genügend Zeit, Geld und Appetit mitbringt, mag sich das in den 700 Restaurants der Stadt bestätigen lassen, von denen sich übrigens 16 mit einem oder mehreren der begehrten Michelin-Sterne schmücken dürfen. Einige gezielte Beobachtungen helfen den weniger abenteuerhungrigen *gourmets,* ein annehmbares Lokal von einer Touristenfalle zu unterscheiden. Ermuntert zum Beispiel schon an der Eingangstür ein Schild »Wir sprechen Deutsch«: Meiden! Sieht es innen schön »gemütlich« aus, zum Beispiel mit aufgehängten Kupfertöpfen, Holztäfelung, karierten Tischdecken und rustikalem Geschirr: Meiden! Ist die Speisekarte in mehrere Sprachen übersetzt: Meiden! Je schmuckloser dagegen ein Restaurant ausschaut, desto schmackhafter ist in der Regel die Küche. Es ließe sich auch eine Relation zwischen der Menge des Sägemehls auf dem Fußboden und der Größe der Portionen auf dem Teller aufstellen. Ein Lokal, das mittags als sichere Empfehlung gilt, kann abends schlechter als mäßig sein. Die Lyoner, eher häuslich als vergnügungssüchtig, essen zu Mittag gern gut und lange, gehen abends aber seltener aus als beispielsweise die Pariser. Am Wochenende eine geöffnete Gaststätte zu finden, ist beinahe unmöglich. Die Touristenbüros verteilen eine Restaurantliste, der man die genauen Öffnungszeiten entnehmen kann. Viele Feinschmeckertempel schließen im Ferienmonat August.

Empfangsbereit – auch ohne Platzreservierung – sind die *bouchons,* kleine, für Lyon typische Schlemmerlokale »Bouchon« heißt eigentlich Korken, und in der Tat sitzt man meist eng zusammengestopft, was das Tischgespräch überaus günstig beeinflussen kann. Klein sind bei **Le petit Pizay**, 4, Petite Rue Pizay, Stube und Preise, etwa für lachsgefüllte Ravioli. Als Klassiker unter den Bouchons gelten **La Meunière**, 11, Rue Neuve, berühmt für die gargantueske Vielfalt ihrer *hors d'œuvres,* und **Chez Sylvain**, 4, Rue Tupin, der neben gepflegter Küche ein authentisches Belle-Époque-Dekor bewahrt hat. Nagelneu auf alt gestylt ist dagegen **Le Sorey**, 10, Place Fernand-Rey, an den Hängen der Croix-Rousse. Daß Raffinesse und Simplizität kulinarisch keine Gegensätze sein müssen, läßt sich hier aus allen Gerichten herausschmecken. Sollte man abends keinen Platz mehr finden, bietet **La Gousse d'Ail**, ein paar Schritte weiter in der 20, Rue Sergent-Blandan, eine probierenswerte Alternative. In allen vier Nobelbouchons kostet ein Menu ab 80 Francs aufwärts. Mittags deutlich billiger als abends ist **L'Assiette en Douce**, 31, Rue Sainte-Hélène. Wie in den meisten Lyoner Déjeuner-Restaurants empfiehlt es sich auch hier, nicht *à la carte* zu bestellen, sondern das Tagesgericht zu probieren. In der **Brasserie Gutenberg**, 13, Rue des Quatre-Chapeaux, gibt es überhaupt keine Speisekarte, statt dessen aber ein altes Mütterchen, das einen so nett bewirtet, als säße man zu Hause in der eigenen Küche. Dem Essen fehlt jeder prätentiöse Schnickschnack, und auch die Preise sind solide. Ebenfalls von sägespansauberer Schlichtheit ist **Le Bellecour** an der gleichnamigen Place. Unter den Restaurants *en vogue* hält zur Zeit **Le Jardin de Sylvie**, 2, Rue de Trois-Maries, die Spitze. Lyoner Spezialitäten, wie das *ceruelle de canuts* (Weberhirn), ein mit Kräutern angemachter Frischkäse, werden hier erlesen zubereitet und mit dem gewissen Etwas serviert – bei Sylvie ißt das Auge mit. Als ebenfalls »in« gilt **Pignol**, 17, Rue Emile-Zola, wo sich mittags – am Abend ist geschlossen – die Angestellten des Viertels an den genial komponierten Salaten von Jean-Paul ergötzen. Wer Michel Piccoli oder Jean-Michel Jarre beim Essen zuschauen will, sollte es einmal in **Le Passage**, 8, Rue du Plâtre, versuchen.

Leute mit einem Loch im Portemonnaie speisen im **Le Connetable**, 38, Rue de l'Arbre-Sec, Leute mit einem Loch im Bauch bei **Tante Alice**, 22, Rue des Remparts-d'Ainay, dem traditionellen Restaurant für Hochleistungssportler, Holzfäller, kurz: die Gourmands an sich. Allein das Vorspeisentablett ist überwältigend, und ich habe es niemals erlebt, daß jemand alles aufgegessen hat: als Appetitmacher eine achtzehnfältige Auswahl, danach ein cremiges *gratin aux creuettes* (überbackene Krabben), die Lyoner Spezialität *quenelle de brochet* (Hechtklößchen) und zum guten Magenschluß eine wohlsortierte Käseplatte, gefolgt von einem süß-herben Grapefruit-Sorbet.

Selbst wer mit Feminismus nichts am Hut hat, weiß, daß Lyons Küche ihren Ursprung nicht von Bocuse, sondern von den sogenannten

»Müttern« nimmt. Die berühmteste war zweifellos zu Beginn des Jahrhunderts *la mère des mères* Françoise Filloux mit ihrem ingeniösen Rezept einer *volaille demi-deuil*, der Poularde mit Trüffelscheiben, die unter die Haut geschoben werden (*demi-deuil* heißt Halbtrauer und weist immer auf Getrüffeltes hin). Als ihre würdige Nachfolgerin gilt ihre frühere Gehilfin Eugénie Brazier, deren Restaurant **La Mère Brazier**, 12, Rue Royale, noch heute besteht. Bekannt unter Lyons »Müttern« ist auch die **Mère Guy**, 35, Quai Jean-Jacques-Rousseau. Ihre Feinschmeckerklause wurde vor der Revolution gegründet, und Clair Tisseur schwärmte im 19. Jahrhundert von dem »unvergleichlichen Fischragout«. Heute waltet hier ein Monsieur. 1988 wurde Roger Roucou zum Président der französischen Meisterköche gekrönt, worauf die Lyoner mächtig stolz sind. Zu den Grandes Tables, Restaurants, in denen Geld keine Rolle spielt und nur die Qualität der Speisen zählt, gehören das **Orsi** von Pierre Orsi, 3, Place Kléber, und das **Léon de Lyon** des Jean-Paul Lacombe, 1, Rue Pléney. Letzterer spezialisierte sich mit Erfolg auf Lyoner Spezialitäten wie den *gâteau de foie*, einen warmen Kuchen beziehungsweise Pudding aus fein passiertem Lebermus. Beide Herren lassen z. Zt. in Lyon weitere Gastronomie-Tempel errichten. Eine Prise bescheidener im Preis, jedoch nicht zwangsläufig auch in der Güte des Angebots ist **Bourillot** an der Place des Célestins. Christian Bourillot darf sich »Meilleur Ouvrier de France 1968« (M.O.F.) rühmen, eine Auszeichnung, die jährlich vergeben wird und unter Lyons Köchen nicht selten ist. Auch die Kochkünste von Philippe Chavent, dem *cusinier* von **La Tour Rose**, 16, Rue du Bœuf, stehen nach wie vor außer Zweifel, was indes seine PR-Aktionen angeht, mangelt es ihm mitunter an Geschmack. So kreierte er 1987, rechtzeitig zum Prozeß um den Lyoner Gestapo-Chef, das *menu Barbie*, für 200 Francs *tout compris*.

Die Stars der Lyoner *haute cuisine* kochen nicht in Lyon: **Paul Bocuse** machte aus der väterlichen *guinguette* (Kneipe) in Collonges-au-Mont-d'Ors 12 km nordwestlich am Ufer der Saône, das bekannteste Restaurant der Welt – **Alain Chapel** regierte die »Neue Französische Küche« von Mionnay aus, einem kleinen Ort 20 km nordöstlich

der Stadt an der N 83 Richtung Bourg-en-Bresse. Für wen Bach- und Regenbogenforelle zwei nicht zu verwechselnde Fische sind (letztere wird mit Fischmehl gefüttert und hat mangels Bewegung ein schlaffes Fleisch), der ißt bei Bocuse richtig. Frankreichs Chef-*cuisinier* kocht zwar auch nur mit Wasser, doch hat er eine unbestechliche Nase für ausgewählte Zutaten. Sein Credo: »Man soll als Koch nichts anderes tun, als den ursprünglichen Geschmack der Gerichte vollendet zur Geltung bringen« schmeckt man aus allen seinen Werken heraus. Eine Spezialität ist der *loup de ligne en croûte a la mousse de homard*, ein Seewolf in Teigkruste mit Hummerschaum, die dem Fisch Aroma und Saftigkeit bewahren soll und von kulinarischen Snobs nicht mitgegessen wird. Eine weitere Köstlichkeit: unter einer Blätterteigmütze servierte Trüffelsuppe mit Gänseleber. Das Image des Kochkönigs ist etwas angeknabbert, seit er unter die Konservenfabrikanten gegangen ist. Auch daß bei ihm die Liebe den Weg zum Magen angeblich über einen Gasherd findet (in einem Werbespot küßt er einen) verübelt ihm mancher Franzose. Trotzdem: genußsüchtige Apostel der *nouvelle cuisine* zahlen noch immer jeden Preis, um sich von Bocuse raffiniert einfach erquicken zu lassen. Man muß ja dazu nicht unbedingt den 1874er Bordeaux schlürfen, von dem ein Fläschchen 3000 Francs kostet. Chapel ist Bocuses Konkurrent an Herd und Schreibtisch (beide haben mit ihren Rezepten bereits mehrere Bücher gefüllt). Unauffällige, unvergeßbare Originalität machte seine Küche berühmt. Als Beilage bietet er zum Beispiel schlichte Ravioli an, die aber exquisit mit Entenleber gefüllt sind. Chapels Nobelklause hat den Vorteil daß der Hausherr meist da ist und nicht irgendwo in der Welt herumjettet, um seinen Publicity-Pflichten nachzukommen. Hier wie dort empfiehlt sich eine telefonische Reservierung. Außerdem sollte man mittags spätestens bis 12.30 Uhr, abends bis 19.30 Uhr an seinem Tisch sitzen, um sich dem Essen ohne Hast hingeben zu können.

Wen es nach Fisch gelüstet, der wird bei **Les Fantasques**, 47, Rue de la Bourse, sehr gut – wenn auch nicht gerade preiswert – befriedigt. Tip: die Bouillabaisse! Lyons renommiertes Fischrestaurant, **Le Fedora**, 240, Rue Marcel Merieux, befindet sich im neuen

Technopôl-Viertel im Süden der Stadt. In weniger als zehn Jahren gelang es Daniel Judéaux, einem jungen Schüler des alten Paul, sich auf den Gipfel französischer Küche emporzukochen. Bei Paul Bocuse gelernt zu haben, gilt nach wie vor als Markenzeichen unter Lyons Köchen; Guy Garioud gehört zu den Strebern des Metiers. Was er aus Meeresgetier zaubert, ließ **Le Garioud**, 14, Rue du Palais-Grillet, zum allseits bekannten »Geheimtip« unter Lyoner Gourmets werden. Allerdings: es war schon immer etwas teurer, einen besonderen Geschmack zu haben.

Deftig und vor allem reichlich versorgt **Woehrlé**,156, Rue de Créqui, alle Krautfans. Es gilt als das beste *choucroute*-Restaurant der Stadt. Natürlich stammt die Familie Woehrlé aus dem Elsaß. In der **Brasserie Georges** neben dem Bahnhof Perrache kann man 500 Freunde zum Schlemmermahl laden. Seit 1834 steht dieses ebenfalls von einem Elsässer (Georges Hoffherr) begründete Restaurant, eine Mischung aus Hofbräuhaus und Wartesaal, im Ruf bester bürgerlicher Küche mit altmodisch-seriösem Service. Nahezu bühnenreif sind die Kellner, wenn sie den Salat am Tisch des Gastes anmischen.

Wer nicht auf französische *crêpes* verzichten will, wird im **Crêpe d'Or**, 1, Rue Laurencin, gut und billig zufriedengestellt. Daß Lyon auch kulinarisch nicht weit von Italien entfernt liegt, stellt **Le Tartufo**, 37, Rue Sainte- Hélène, unter Beweis. Das mit der Patina des Alters geschmückte Restaurant hält traditionelle italienische Gerichte bereit, aber auch Außergewöhnlichkeiten wie *cappelletti alla salvia* (Nudelhütchen mit Salbei).

Der edelste Schokoladenbäcker Lyons ist **Maurice Bernachon**. In seiner Patisserie, 42, Cours Franklin-Roosevelt, stapeln sich Berge von süßen, kunstfertigen Basteleien. Der *gâteau du président* schmeckt genauso superb, wie er aussieht, und die schmelzenden Sorbets finden ihresgleichen höchstens bei Berthillon in Paris. Das Cassis-Eis mundet fruchtig und herb, wie es sich für schwarze Johannisbeeren gehört, die nicht durch Zucker versüßt wurden. Zum Apéritif sind in Frankreich *fours salés* sehr beliebt: Miniaturausgaben von Hot dogs, *quiches lorraines*, Blätterteigpasteten – gefüllt mit Käse,

Oliven, Walnußkernen, Schinken oder Crevetten –, Pizzas, *croques monsieurs*, Zwiebelkuchen, Käsestangen und Käsecremetörtchen – alles nur eben mundgroß und zungenfein. Daneben findet man bei Bernachon (und nur hier) daumennagelkleine Windbeutel, die mit Käsesahne gefüllt sind. Diese *roquefortboules* sind so unbeschreiblich lecker, daß sie manchem schon als Grund für eine Reise nach Lyon genügen. Erstaunlich sind die Preise in diesem Laden, die nur wenig höher als in vielen altbackenen Patisserien liegen. **Perroudon**, 6, Rue de la Barre, bietet vor seinem Laden auf dem *Trottoir* ofenwarme Zitronenkuchen an (*chausson au citron*), für die man seinen Einkaufsbummel nicht oft genug unterbrechen kann. Was Bernachon für Schokolade, ist **Nardone** fürs Eis. Nahezu 50 (in Worten: fünfzig) Sorten fabriziert er für seinen Teesalon, 26, Quai de Bondy, darunter so ausgefallene Geschmacksrichtungen wie Zimt, Lakritze und Minze. Das Feinste vom Feinen aber ist *gigembre* mit richtig großen Ingwerstücken.

»Würst sind Würst«, meinte gleichmacherisch Rabelais, doch stimmt das nicht für Frankfurter und noch weniger für Lyoner *saucissons*, beide gleichermaßen berühmt. Getrüffelte Cervelatwurst und die mit Innereien gestopfte *andouillette* gehören zu den populärsten Sorten. Als Spezialität gilt *saucisson en brioche*, eine stark gewürzte Wurst in Briocheteig eingebacken. *Quenelles* sind fingerlang geformte Würste aus feinpassiertem Fleisch oder Fisch. Sehr beliebt: *quenelles de brochet*, die in einer milden Rahmsauce schwimmen. Diese Delikatessen kauft man an besten beim M.O.F. Delangle in der Charcuterie **Au Chapon Fin**, 26, Avenue du Maréchal-de-Saxe. Käseliebhaber finden in der Markthalle bei **Eléonore Maréchal** oder **Renée Richard** die ausgefallensten Käsesorten, z. B. den Pierre Dorée, der erst nach wochenlangem Lagern sein unvergleichbares Aroma und die typisch steinharte Konsistenz entwickelt. Mit duftend röschem *baguette* unterlegt und von einem fruchtigen Beaujolais begossen – lyonysischer kann man nicht vespern. *Bon appétit!*.

Das Lyoner Marionettentheater

Das genaue Geburtsdatum Guignols ist so ungewiß wie das seines Schöpfers Laurent Mourguet (S. 122), dessenungeachtet beging Lyon 1988 seinen 180. Geburtstag. 1808 gab es bereits ein Puppentheater, doch waren dessen Charaktere nicht der französischen Gesellschaft entwachsen, sondern von der italienischen Commedia dell'arte übernommen. Guignol wurde die Verkörperung des Lyoner Webers, der alle Charakterzüge der hand-arbeitenden Klasse vereinigt. Er lacht über seine eigenen Fehler und macht sich die der anderen zunutze. Er karikiert den *canut* in bisweilen maßloser Weise, doch immer liebevoll, niemals bissig. Ein spöttischer Schalk, der seine Schlauheit in Naivität kleidet, der gern foppt, aber nie verletzt. Er spricht mit leicht tranigem Akzent, lispelt sogar hin und wieder. Der erste Eindruck ist der eines gutmütigen Dümmlings. Doch das täuscht. Hinter Stupsnase und blauen Augen wacht ein scharfer Geist. Die Narren hatten an Königshöfen bekanntlich die größte Redefreiheit, und was ein braver Bürger nicht zu sagen wagte, konnte sich der launige Guignol erlauben. In den Stücken spiegelt sich das Auf und Ab des Weberalltags, sie zeugen auch von dem immerwährenden Kampf um bessere Lebensbedingungen. Guignol war mehr als ein *drôle*, er las der Gesellschaft die Leviten; er war kein Kinderkasper, eher ein Possenschneider mit sozialkritischem Anspruch. Das Marionettentheater ersetzte den Webern Fernsehen, Kino, Nachtleben und Feierabenderholung in einem. Die vier Hauptpersonen der Stücke sind Guignol, der keine Schicksalsschläge fürchtet, sondern selbst immer kräftig zuschlägt, Gnafron, sein schnapsnasiger Freund »avec l'air de clochard«, Madelon, die treue Gattin, etepetete und immer ein bißchen zu streng frisiert, und schließlich Louisson, Guignols Tochter, die personifizierte Lebensfreude. Heute haben diese Helden ihre intelligente Bissigkeit verloren. Ein Besuch der zahlreichen Marionettenbühnen Lyons lohnt sich nur noch wegen des fröhlichen Kinderpublikums.

Die Lyoner Traboules

Im Mittelalter bauten die Lyoner mit den Traboules ein zusätzliches

Verbindungssystem zum Straßennetz. Um von einer Gasse die dahinterliegende zu erreichen, ging man einfach durch die Wohnhäuser, *on passe à travers*. Auf lateinisch heißt das *transambulare*, wovon sich das Wort »Traboule« abgeleitet hat. Die Durchgänge führten, wenn auch nicht mitten durchs Schlafzimmer des Nachbarn, so doch über seinen Hof, manchmal ein paar Stockwerke hinauf und dann auf der Parallelstraße wieder hinaus. Immermehr Hauseigentümer scheinen den »Durchgangsverkehr« in den letzten Jahren leid geworden zu sein, und machten ihre Traboules mit Türen dicht, die nur der Besitzer des Nummerncodes öffen kann. Stundenlange Traboules-Spaziergänge, einst eine Attraktion für Leute, die gern vom Wege abkommen, sind heute nur noch in Begleitung eines offiziellen Führers möglich. Informationen erteilt das Touristeninformationsbüro.

Traboules im Viertel Vieux-Lyon
Quai Romain-Rolland Nr. 21 – Rue des Trois-Maries Nr.19
Rue des Trois-Maries Nr.17 – Quai Romain-Rolland Nr.20
Rue de la Balaine Nr.4 – Quai Romain-Rolland Nr.11
Quai Romain-Rolland Nr.10 – Place du Gouvemement Nn 2
Rue Saint-Jean Nr.24 – Rue du Bœuf Nr.1
Place Neuve-Saint-Jean Nr.5 – Rue Saint-Jean Nr.40
Rue Saint-Jean Nr.68 – Rue des Antonins Nr.3

Traboules im Viertel Hôtel-de-Ville
Rue Joseph-Serlin Nr.8 – Rue Pizay Nr.9
Rue Pizay Nr.12 – Rue de l'Arbre-Sec Nr.9
Rue du Plâtre Nr. 8 – Rue Longue Nr.23
Rue Paul-Chenavard Nr.20 – Rue Lanterne Nr.29
Rue Chavanne Nr. 10 – Place d'Albon Nr.3
Rue Mercière Nr.44 – Quai Saint-Antoine Nr.20
Rue Mercière Nr.45 – Rue de Brest Nr.34
Rue de Brest Nr.38 – Rue Mercière Nr.49
Rue Mercière Nr.58 – Quai Saint-Antoine Nr.27
Quai Saint-Antoine Nr.30 – Rue Mercière Nr.64

Rechts: Mittelalterliche Traboule in der Altstadt

Traboules im Viertel Croix-Rousse
Place Colbert Nr.9 – Rue Imbert-Colomès Nr.29
Rue Imbert-Colomès Nr.20 – Rue des Tables-Claudiennes Nr.55
Rue Donnée Nr.4 – Rue des Capucins Nr.23
Rue des Capucins Nr.22 – Rue Coustou Nr.5
Rue Romarin Nr.2 – Rue des Capucins Nr.26
Place Croix-Paquet Nr.3 – Petite-Rue des Feuillants Nr.3
Petite-Rue des Feuillants Nr.8 – Place Tolozan Nr.19
Rue Royale Nr.33 – Quai André-Lassagne Nr.16
Quai André-Lassagne Nr.15 – Rue Royale NL 31
Grande-Rue des Feuillants Nr.8 – Petite-Rue des Feuillants Nr.9
Petite-Rue des Feuillants Nr.2 – Rue du Griffon Nr.5

Die Lyoner Wahlverwandtschaft
Friedrich Georg Göthé nannte sich der thüringische Damenschneider, der, als Louis XIV. das Edikt von Nantes widerrief, aus Lyon nach Frankfurt flüchtete. Sein Enkel, Frankfurts berühmtester Sohn, soll den Beruf seines Großvaters gern verschwiegen haben, ließ sich aber nichtsdestotrotz einen Seidenfrack in Lyon anfertigen. Die Beziehungen zwischen Lyon und Frankfurt lassen sich darüber hinaus bis ins 16. Jahrhundert zurückverfolgen: »Die Frankfurter aber verstehen es, nicht nur Gastwirte, sondern auch Gastfreunde zu sein«, hatte der 1598 in Lyon verstorbene Buchdrucker und Verleger Henri Estienne erkannt. Seine lateinische Hymne »Francofordiense emporium« war der erste Annäherungsversuch von Lyoner Seite an die Messestadt am Main. Frankfurt bedankte sich damals mit einem Goldpokal. Fast 400 Jahre später wurde es seinerseits mit einem *coupe d'or* beschenkt, eine Galanterie der neuen Schwester Lyon. Am 16. Oktober 1960 unterzeichneten *maire* Louis Pradel und Oberbürgermeister Werner Bockelmann in der Frankfurter Paulskirche den Partnerschaftsvertrag der beiden Städte. Lyon und Frankfurt wechselten *l'anneau du jumelage*, den Trauring der Verschwisterung, wie die französischen Wortdrechsler es nennen. Das war der erste Schritt zur angestrebten Ringpartnerschaft zwischen Frankfurt, Lyon, Birmingham und Mailand.

Die Partnerwahl war gut getroffen. »Lyon ist eine Handelsstadt, wo Kaufmannsgeist herrscht: Gewerbefleiß, Erfindergeist, Wendigkeit, stark auf den eigenen Vorteil bedacht, viel Ordnung und Geschäftsbeflissenheit.« Diese Beobachtung des Lyoner Stadtverwalters Henri-François Lambert d'Herbigny gilt heute wie vor 300 Jahren, für Lyon so gut wie für Frankfurt. *D'accord*: Es gibt auch Unterschiede, vor allem in der Skyline. So verglich der Lyoner »Progrès«: »Frankfurts Erfolg explodiert in Form von Hochhäusern *à l'américaine*, neben denen unser Turm der Crédit Lyonnais ein bescheidener Bleistift ist.« Architektonische Gegensätze, wie sie in Frankfurt als Kaufhof und Hauptwache dicht zusammenstehen, werden in Lyon sauber durch die Rhône getrennt: diesseits unangetastete, jahrhundertealte Tradition, jenseits moderner Beton. Horst Krüger nannte Frankfurt einmal »ein Paradies für amtlich bestellte Kaputtmacher.« In Lyon gab es andere Gründe, die Stadt in Bauzäune zu kleiden. Während Mainhattan von rasender Bauwut befallen wurde, brachen in Lyon rastloses Restaurierungsfieber und monumentaler Putzeifer aus. Doch dieser Unterschied ist bloß äußerlich, verglichen mit den Ähnlichkeiten, die die beiden Städte zu Zwillingen machen. Durch ihre verkehrsgünstige Lage wurden sie schon vor Jahrhunderten zu Zentren der Buchdruckerkunst, zu Bankmetropolen, Börsenplätzen und Messestädten. Ein wichtiger Wirtschaftszweig ist die chemische Industrie – was der einen Hoechst, ist der anderen Bénite. In Frankfurt thront das Haupt der Freimaurerlogen von Deutschland, der »Deutsche Oberste Rat«, und Lyon gilt seit mehr als einem Jahrtausend als französische Hauptstadt der Geheimwissenschaften. Auch beherbergten beide für lange Zeit den prozentual größten Anteil der jüdischen Bevölkerung ihres Landes. Beide Städte sind heute als Klein-Chicago verrufen und müssen sich gegen ein klischeehaftes Negativbild wehren. Darauf reagiert die Bevölkerung hier wie dort gleich dickköpfig stolz: »Et alors? Deshalb leben wir erst recht und am liebsten hier.« Beide sind aber auch – dank des geschmähten Image – noch nicht zur Touristenkarawanserei verkommen.

Während die Lyoner die Frage, ob sie gern einmal die Partnerstadt besuchen würden, in der Regel bejahen, winken die Frankfurter oft uninteressiert ab: »Wenn ich schon nach Frankreich reise, dann natürlich nach Paris.« Nichtsdestotrotz bemühen sich seit Jahrzehnten Bürger beider Städte, aus der administrativ beschlossenen Partnerschaft Freundschaft wachsen zu lassen. Mehrere Gymnasien schicken wechselseitig ihre Schulklassen, und auch die Krankenhäuser sowie Künstlerkreise und Vereine beider Städte nutzen die *jumelage* zu Austauschprogrammen. Von den Flirts in Industrie und Wirtschaft gar nicht zu reden. Die »Frankfurter Allgemeine Zeitung« berichtet in einer Extra-Rubrik »Brief aus der Partnerstadt Lyon« periodisch über die neuesten Ereignisse aus der Rhône-Metropole Die entsprechende Spalte »Lyon – Francfort« findet sich in der Zeitung »La Progrès«.

Im Mai 1990 flatterte wieder einmal zwei Tage lang der Frankfurter Adler einträchtig mit dem Lyoner Löwen an den Fassaden des Hôtel de Ville. Anlaß war der Besuch des damaligen Oberbürgermeisters Volker Hauff, des Rechts- und Wirtschaftsdezernenten (und heutigen OB) Andreas von Schoeler sowie des Dezernenten für Multikulturelle Angelegenheiten Daniel Cohn-Bendit zum 30. Jahrestag der Städtepartnerschaft. Die Frankfurter Delegation, die damit den Besuch des Lyoner Oberbürgermeisters Michel Noir vom Jahr zuvor erwiderte, wurde mit ungewöhnlicher Gastfreundschaft und großer Aufmerksamkeit bedacht, nachdem man schon anläßlich des 20. Geburtstags hatte lesen können, daß aus der Vernunftehe längst eine Liebesheirat geworden sei.

Rechts: Lyoner Vorder- und Rückenansichten

Lyon von A bis Z

Anreise
Mit der Eisenbahn: Informationen über die deutsche Vertretung der SNCF
Westendstraße 24, 6000 Frankfurt 1, Tel. 069/72 84 45
Mit dem Flugzeug: Direktflug Frankfurt–Lyon 1–2mal täglich mit Lufthansa
oder Air France in 80 Minuten
Mit dem Auto: Auf der Autobahn Frankfurt–Karlsruhe–Mulhouse/Mülhau-
sen–Belfort–Besançon–Maçon–Lyon (667 km) oder auf der Autobahn Ba-
sel–Genf–Chambéry–Lyon (742 km)

Apotheken (Tag und Nacht geöffnet)
Pharmacie de nuit Blanchet, 5, Place des Cordeliers, Tel. 78 4212 42
Pharmacie Perret, 30, Rue Duquesne, Tel. 78 93 70 96

Ärzte
Aufgrund eines Gegenseitigkeitsabkommens erstattet die »Caisse primaire
d'assurance-maladie« französische Arztkosten bis zu 80% zurück. Ihre Lyoner
Vertretung: Service Relations Internationale, 102, Rue Masséna. Pflichtversi-
cherte benötigen einen internationalen Krankenschein (vor Reiseantritt bei
der Krankenkasse anfordern) und die Abrechnung des Arztes. Die Rückzah-
lung wird frühestens nach 4 Wochen geleistet, so daß man gezwungen ist, den
Arzt vorerst aus eigener Tasche zu bezahlen. Die notwendigen Unterlagen
können auch aus Deutschland per Post eingereicht werden. Kontonummer
nicht vergessen!
Ärztlicher Notdienst: Docteur jour et nuit, 10, Place Dumas de Loire, Tel. 78
83 5151
Und wenn's dem *Toutou* mal nicht gut geht: Vétérinaires à domicile, Tel. 78
24 55 74, rund um die Uhr erreichbar

Auto
Die Straßen sind eng, Parkhäuser selten, die Bußgeldkosten hoch, Verkehrspo-
lizisten in der Überzahl und die Fassaden von Lyon schon abgasschwarz

genug. Deshalb das Auto besser lassen, wo es steht, um die Stadt zu Fuß oder mit Hilfe der öffentlichen Verkehrsmittel kennenzulernen.

Automobilclub: du Rhône, 7, Rue Grolée, Tel. 7842 5101

Autovermietung: Avis, Gare Part-Dieu, Tel. 72333719, und am Aéroport Sato-las, Tel. 78 7195 25. Eine Liste mit weiteren Mietwagenunternehmen, bei Be-darf mit Fahrer, gibt es im Touristenbüro Bellecour

Pannenhilfe (Tag und Nacht): Service dépannage remorquage, Tel. 78424340

Tankstelle (Tag und Nacht): B.P., 84 Quai Perrache, Tel. 78422727, Shell, Pla-ce Bellecour Parking (unterirdisch), Tel. 78 42 68 59

Banken

Geöffnet im allgemeinen montags bis freitags 9–12 Uhr und 14–16 Uhr. Die Caisse d'Epargne Ecureuil de Lyon, 3, Rue de la Barre, hat auch samstags 8–12.30 Uhr geöffnet und das Bureau de Change im Bahnhof Perrache (Null-Ebene), das allerdings keine Euroschecks annimmt, täglich 5.15–12.15 und 13.15–20 Uhr

wird nirgendwo genommen!

Bibliotheken

Bibliothéque Municipale de la Part-Dieu, 30, Boulevard Marius-Vivier-Merle, Tel. 78628520 (geöffnet dienstags bis freitags l0–19.30 Uhr, samstags 10–18.30 Uhr)

Archives Municipales (Stadtarchiv), 4, Avenue Adolphe-Max (montags bis frei-tags 8.30–16.30 Uhr)

Bootsfahrten

Société Navig-Inter, 3, Rue de l'Arbre-Sec, Tel. 78 27 78 02: eine Spazierfahrt mit den Personenbooten »Elle« und »Lui« zum Zusammenfluß von Rhône und Saône oder in Richtung der Ile Barbe ist täglich vom 1. April bis zum 30. November möglich. Abfahrt am Quai des Célestins, Dauer ca. eineinviertel Stunden. Über Preise und genaue Abfahrtszeiten informiert Navig-Inter.

Buchhandlungen

Antiquarische Bücher und Zeitschriften halten die Bouquinisten auf dem Quai de la Pêchene feil, wer seinen Fund nicht dem Zufall überlassen will, findet in der Librane du Bât-d'Argent et du Chariot d'Or, 38, Rue des Remparts d'Ainay, einen durch Zettelkasten und Bibliographien (allein der Musikkatalog umfaßt 3000 Titel) gut geordneten Bestand

Choc Corridor, 7-9, Rue des Trois-Maries, hat sich unter anderem auf Krimis spezialisiert und führt etwa 10 000 französische und englische Titel

Des Femmes, 2, Place des Célestins, Feministenladen, in dem nicht nur Frauen gemütlich sitzen und stöbern können

Flammarion, 19, Place Bellecour, ist gut sortiert in Kunst- und esoterischen Büchern sowie in Lyon-Literatur

FNAC, 85, Rue de la République, ein Supermarkt fur Bücher

Glénat Librairie, Centre Commercial de la Part-Dieu, 3. Stock, bietet ausschließlich Comics an

Loulou, 58, Rue Saint-Jean, sammelt seit den Golden Twenties Starfotos Kinoplakate und Hollywoodbücher

Nouveautés, Place Bellecour, hält die Avantgarde, aber auch die Pléiade (französische Klassiker) vorrätig, bei kenntnisreicher Bedienung

Eton, 1, Rue du Plat: The English Bookshop

Camping

Einen ausführlichen *guide camping* für Lyon und das Rhône-Gebiet bekommt man im Touristenbüro Bellecour.

Einreise- und Aufenthaltsbestimmungen

Für einen Aufenthalt bis zu 3 Monaten genügt für Bürger der Bundesrepublik Deutschland, Österreichs und der Schweiz ein gültiger Reisepaß oder Personalausweis. Die grüne Versicherungskarte für Fahrzeuge ist in Frankreich nicht mehr obligatorisch, aber ratsam.

Eisenbahn

1983 wurde der Mammutbahnhof Part-Dieu in Betrieb genommen, von dem die Eiligen mit dem Hochgeschwindigkeitszug T.G.V. (Train Grande Vitesse) in weniger als 100 Minuten nach Paris fahren können. Den Nahverkehr bewältigt die Gare Saint-Paul.

SNCF Zugauskunft: Täglich 7.30–21 Uhr: Tel. 78375643, nach 21 Uhr: Tel. 78 37 56 53. Platzreservierung: Täglich 8–19 Uhr: Tel. 78 42 64 42.

Das Lyoner Transalpinobüro (Reiselustige unter 26 Jahren erhalten auf allen Strecken bis zu 25% Ermäßigung) befindet sich in der 61, Rue Président Édouard-Herriot, Tel. 78421192.

Feiertage

1. Januar, Ostermontag, 1. Mai, Christi Himmelfahrt, Pfingstmontag, 14. Juli (Nationalfeiertag), 15. August (Maria Himmelfahrt), 1. November (Allerheiligen), 11. November (Waffenstillstand im Ersten Weltkrieg), 8. Dezember (Maria Empfängnis – ein Lichtermeer vergoldet an diesem Abend Vieux Lyon, wenn die Bewohner zu Ehren der Jungfrau Maria, ihrer Schutzheiligen, die Lyon ehemals vor Pest und Preußen bewahrt hat, Kerzen in alle Fenster stellen), 25. Dezember (Weihnachten)

Festivals
Juni: Festival Bach, Tel. 78 37 58 81 und 78 72 75 31
Juli: Musik, Spiel und Tanz im antiken Théâtre Romain de Fourvière, Auskunft beim Touristenbüro Bellecour
September: Festival Berlioz im zweijahrigen Tumus abwechselnd mit der Biennale de la Danse, Tel. 78 60 85 40
November: Festival de musk du Vieux Lyon, Tel. 78 30 00 86
Dezember: Festival Lumière (Kino für Kinder), Tel. 78 00 86 68

Flughafen
Den Aéroport de Satolas, 28 km südostlich der Stadt, erreicht man am schnellsten auf der Autobahn (gebührenpflichtig). Mit dem Satobus vom Bahnhof Perrache, Halt am Bahnhof Part-Dieu, dauert die Fahrt 45 Minuten. Abfahrt alle 20 Minuten von 5 bis 21 Uhr in Richtung Flughafen, von 6 bis 23 Uhr in Richtung Lyon. Am Wochenende und an Feiertagen alle 30 Minuten ab 13 Uhr. Einfache Fahrt: 36 Francs mit dem Bus, ca. 140 Francs mit dem Taxi

Fundbüro
Objets perdus, 5 Rue Bichat, Tel. 78 42 43 82

Geschäfte
Blumen: Maison Brun-Fleurs Kiosque, Place Bellecour, täglich & taufrisch
Bürobedarf: Papeterie Gibert 3, Quai Gailleton, regenbogenbunte Auswahl
Delikatessen: Bocuse & Bemachon, 49, Rue de Sèze, kulinarischer Andenkenladen mit Eierbechern, die Pauls Halbglatze ziert, und Erbsensuppe in der Dose
Kräuter: Herboristerie, 8, Place Saint-Jean, seit 1849 duften in dem kleinen Laden rund 500 verschiedene Blüten und Kräuter
Mineralien: Inzolite, 13, Rue Émile-Zola, edle Steine mit entsprechenden Preisen
Miniatureisenbahnen: Le petit train bleu, 7, Rue de la Charité
Schallplatten: FNAC, 85, Rue de la République
Seidenes: Roby, 46, Rue Victor-Hugco, hat die schönsten Schals; Meterware gibt es in der Boutique Bianchini-Ferier, 4, Rue Vaucanson
Spiele: Jeux Descartes (Ich denke, also spiele ich!), 13, Rue des Remparts dAmay

Goethe-Institut
Centre Culturel Allemand, 16, Rue François-Dauphin, F-69002 Lyon, Tel. 78 42 88 27

Gottesdienste

In der Église Réformée de France, Temple des Terreaux, 10, Rue Lanterne, Tel. 78 28 17 91, sowie im Grand Temple, 6, Cours de la Liberté, Tel. 78 60 13 39, werden evangelische Gottesdienste abgehalten. Für katholische Messen siehe die Zeiten der einzelnen Kirchen. Wegen der Zeiten der jüdischen Gottesdienste wende man sich an die Synagoge, 13, Quai Tilsitt, Tel. 78 37 13 43

Information

Broschüre mit aktuellen Preisen!

Lyon

- Pavillon du Tourisme, Place Bellecour, Tel. 78 42 25 75, Fax 78 37 02 06. Geöffnet: Winter montags bis freitags 9–18 Uhr, samstags 9–17 Uhr, sonntags 10–17 Uhr; Sommer (15.6.–15.9.) montags bis freitags 9–19 Uhr, samstags 9–18Uhr, sonntags10–18Uhr
- Bureau d'Information Perrache, Bahnhof Perrache (Ebene 2). Geöffnet: Winter montags bis samstags 9–12.30 und 14–18 Uhr
- Fourvière: In der Saison täglich 9–13 Uhr, 14–18.30 Uhr
- Agence de Villeurbanne, 3, Avenue Aristide-Briand, Tel. 78 68 13 20
- Regionale Auskunftsstelle: Comité Régional du Tourisme Vallée du Rhône, 5, Place de la Baleine, Tel. 78 42 50 04, Fax 72 40 29 59
- Regionale Auskunftsstelle far Jugendliche (CRIJ), 9, Quai des Célestins, Tel. 78 37 15 28
- Fremdenführer-Büro, Bureau des guides, 5, Place Saint-Jean, Tel. 78 42 25 75: Führungen durch geprüfte Fremdenführerinnen für Gruppen und Einzelpersonen
- »Le Petit Paumé«, der jährlich kostenlos von der École Supérieure de Commerce, 23, Avenue Guy de Collongue, F-69132 Écully, Tel. 78 33 81 22, Poste 546, herausgegebene Alternativführer bietet eine Fülle von Informationen in einem eigenwilligen Stil. Aktuelle Lyonprobleme behandelt das monatlich erscheinende »Vivre à Lyon«, kostenlos zu beziehen im Hôtel de Ville, Place Louis-Pradel, Tel. 78 28 93 93. An jedem Zeitungskiosk findet man mittwochs das neue »Lyon Poche« mit allem, was sich gerade in und um Lyon in Szene setzt.

Französische Fremdenverkehrsämter: Bundesrepublik Deutschland
Berliner Allee 26, 4000 Düsseldorf, Tel. 0211/8 03 75
Westendstr. 47, 6000 Frankfurt 1, Tel. 069/7 56 08 30

Österreich
Hilton Center, No. 259, LandstraBer Hauptstr. 2, 1030 Wien, Tel. 0222/75 70 62

Schweiz
Löwenstr. 59, 8023 Zürich, Tel. 01/2 11 30 85
2, Rue Thalberg, 1201 Genf, Tel. 022/32 86 10

Internationale Städtepartnerschaften
Partnerstädte (Villes jumelées): Birmingham (1951), Frankfurt (1960), Mailand (1966), St. Louis (1978), Beer Sheva (1980), Kanton 1988
Freundschaftspakte (Pactes d'amitie): Yokohama (1959), Breslau (Wroclaw) (1973), Minsk (1975), Leipzig (1976), Montreal (1979)

Jugendherberge
Die Lyoner Auberge de Jeunesse ist modern, komfortabel, liegt aber weit außerhalb in der öden Vorstadt Vénissieux, 51, Rue Roger-Salengro, Tel. 78 76 39 23, vom Bahnhof Perrache mit Buslinie 76, vom Bahnhof Part-Dieu mit Buslinie 36 zu erreichen. Sie ist das ganze Jahr über geöffnet.

Kinos
Neben etwa 40 kommerziellen Kinos gibt es in Lyon auch einige auf Filmklassiker spezialisierte Säle, zum Beispiel Le Cinéma, Impasse Saint-Polycarpe, Tel. 78 39 09 72. Das CNP (Cinéma National Populaire) Bellecour, 12, Rue de la Barre, Tel. 78 42 33 22, das CNP Terreaux, 40, Rue du Président-Édouard-Herriot, Tel. 78 42 33 22, das CNP Villeurbanne, 4, Avenue Henri- Barbusse, Tel. 78 68 23 07, sowie das Odeon-CNP, 6, Rue Grôlée, Tel. 78 42 04 62, spielen internationale Oldies in Originalversion. Montags geben alle Kinos Ermäßigung.

Konsulate
Konsulat der Bundesrepublik Deutschland: 33, Boulevard des Belges, F-69458 Lyon Cedex 06, Tel. 78 93 54 73
Österreichisches Konsulat: 17, Boulevard des Belges, F-69458 Lyon Cedex 06, Tel. 78 93 21 86
Schweizer Konsulat: 8, Rue Godefroy, Tel. 78 93 51 34

Märkte
Marchés aux Puces (Flohmärkte): sonntagsmorgens 7.30–12 Uhr in der Rue Tita-Coïs im Vorort Vaulx-en-Velin sowie 6–13 Uhr im Chemin de la Feyssine in Villeurbanne
Bouquinisten: Täglich 9–20 Uhr am Quai de la Pêcherie
Marché de la Création (Markt für Kunsthandwerk): sonntagsmorgens 7–13 Uhr auf dem Quai Romain Rolland

Marché aux Timbres (Briefmarkenmarkt): sonntagsmorgens 7–12Uhr auf der Place Bellecour

Marché aux Chiens (Hundemarkt): sonntagsmorgens 7–12 Uhr auf der Place Carnot

Brocante du Vieux Lyon (Altstadtflohmarkt): am 3. Juni-Wochenende im Vieux Lyon

Foire aux Tuppiniers (Töpferwarenmesse): am 2. Oktober-Wochenende im Vieux Lyon

Marché des Antonins (Lebensmittelmarkt): täglich (außer montags) von 7 bis 12 Uhr auf dem Quai Saint-Antoine

Halle de Lyon (Lebensmittelmarkt): täglich (außer montags) 7–12 und 14–19 Uhr, sonntags 7–13 Uhr in der 102, Cours Lafayette

Marché Biologique (Alternativmarkt): donnerstagsmorgens auf der Place du Bâtonnier-Valansio

Marché aux Antiquaires (Brocante Stalingrad, Antiquitätenmarkt): donnerstags und samstags 9.30–12.30 und 14–19 Uhr, sonntags 9.30–13 Uhr in Villeurbanne, 115, Boulevard de Stalingrad

Mitbringsel
Seidene Tücher, ein Satz Bouleskugeln, getrüffelte Cervelatwurst oder eine Flasche vom Beaujolais, dem dritten Fluß Lyons

Mitfahrzentralen
Allo Stop, 8, Rue de la Bombarde, Tel. 78 42 38 29
Lyon Stop, 29, Rue Pasteur, Tel. 78 58 65 29

Museen
Soweit mit einer Zahl versehen, findet sich im Kapitel »Lyon sur Place«, S. 83-118, eine nähere Beschreibung:

- Musée Africain, 150, Cours Gambetta, Tel. 78 58 45 70, mittwochs bis sonntags 14–18 Uhr, Eintritt 10 Francs: Ethnologisches Museum über Schwarzafrika
- Musée Ampère, Poleymieux-au-Mont-d'Or (21 km Richtung Limonest), Tel 78 91 90 77, mittwochs bis montags 9–12 und 14–18 Uhr, Eintritt 12 Francs: Geburtshaus des großen Physikers mit kleiner Ausstellung
- Musée Français de l'Automobile Henri Malartre, Château de Rochetaillée-sur-Saône (11 km Richtung Neuville), Tel. 78 22 18 80, täglich 9–18 Uhr, Eintritt 20 Francs: In dem Schloß von Rochetaillée sind unter vielen luxuriösen Automobilen der Landauer, in dem Prasident Carnot ermordet wurde, Hitlers

Mercedes und das von Renault eigens angefertigte Papamobile, in dem Johannes Paul 11. 1986 durch Lyon kutschierte, zu sehen. Auch Fahrrad- und Motorrad-Fans kommen auf ihre Kosten

- Musée d'Art Contemporain, 16, Rue Président Édouard-Herriot (Rückseite des Musée des Beaux Arts), Tel. 78 30 50 66, mittwochs bis montags 12–18 Uhr, Eintritt 20 Francs: Ausstellungen zeitgenössischer Kunst von 1960 bis heute
- Musée des Arts Décoratifs (17): Kunstgewerbe
- Musée des Beaux-Arts (18): Gemälde, Skulpturen, Münzen
- Maison des Canuts (16): Webkunst
- Musée de la Civilisation Gallo-Romaine (19): Archäologie
- Musée Guimet d'Histoire Naturelle (20): Naturkunde und Religionsgeschichte
- Musée Historique de Lyon, Place du Petit-Collège, Tel. 78 42 03 61, mittwochs bis montags 10.45–18 Uhr, freitags bis 20.30 Uhr, Eintritt 20 Francs: Die im Hôtel de Gadagne (S. 109) untergebrachte Sammlung umfaßt Möbel und Fayencen sowie Ausgrabungsfunde und andere Dokumente zur Geschichte Lyons
- Musée Historique des Tissus (24): Stoffe
- Musée des Hospices Civils (13): Krankenhausgeschichte
- Musée de l'Imprimerie et de la Banque (21): Buchdruckerkunst und Bankgeschichte
- Institut Lumière/Fondation Nationale de la Photographie, 25, Rue du Premier-Film, Tel. 78 00 86 68, dienstags bis sonntags 14–18 Uhr, Eintritt 10 Francs: Auch die Brüder Lumière, die Erfinder des Films, stammen aus Lyon; ihr ehemaliges Wohnhaus birgt eine Kollektion alter Projektionsgeräte von der Laterna Magica bis zum Lumière-Kinematographen
- Musée de la Marionnette (22): Puppentheater = Musée Historique
- Nouveau Musée, 52, Rue Racine, Villeurbanne, Tel. 78 84 55 10, montags bis freitags 14.30–18 Uhr, Eintritt frei: wechselnde Ausstellungen zeitgenössischer Kunst
- Musée des Sapeurs-Pompiers, Caserne des Sapeurs-Pompiers de la Duchère, 350, Balmont-Ouest, Tel. 78 35 38 08, mittwochs bis freitags 9–12 und 14–17 Uhr; im August geschlossen, Eintritt frei: Feuerwehrgeschichte seit dem 18. Jahrhundert
- Musée de la Résistance (23): französischer Widerstand
  Außerdem finden in über 60 Galerien ständige Ausstellungen statt

Notruf
Polizei, Tel. 17
Feuerwehr, Tel. 18

M - Musées municipaux +
Tageskarte f. alle 40 FF

Öffentliche Verkehrsmittel

Die vier verschiedenen öffentlichen Verkehrsmittel (Métro, Bus, Trolleybus, Funiculaire) befahren insgesamt eine Strecke von über 1000 km. Tickets (Einheitstarif) zieht man in den Metrostationen aus dem Automaten (deutschsprachige Gebrauchsanleitung). Geldsparend ist ein *camet* (Heft) mit 6 Fahrscheinen. Man entwertet das *billet* in den orangefarbenen Kästen auf dem Metrobahnsteig oder den gelben im Bus. Samstags gibt es ein ermäßigtes *Samedi-Bleu-Ticket*, das den ganzen Tag über im gesamten Bus- und Métronetz gültig ist; an anderen Tagen empfiehlt sich das *Ticket-Liberté*, gültig für zwei oder drei Tage, ebenfalls im gesamten Bus- und Métronetz. Verkauf in den T.C.L. (Transports en Commun à Lyon)-Büros der Bahnhöfe Perrache und Part-Dieu sowie 43, Rue de la République, wo auch kostenlos Verkehrsnetzpläne verteilt werden. Métro (ab Herbst 1991 vier Linien) und Busse verkehren von 5 bis 24 Uhr. Fahrscheinkontrolleure sind uniformiert und im übrigen umgänglicher als ihre deutschen Kollegen.

Restaurants

Siehe das Kapitel »Die Lyoner Gastronomie«, S. 127–134
Außerdem gibt es zahllose ausländische Spezialitätenrestaurants; Adressen und Preise finden sich in dem mittwochs erscheinenden Info-Heft »Lyon Poche« (S. 146)

Post

Die Postämter sind wochentags von 8 bis 19 Uhr und samstags von 8 bis 12 Uhr geöffnet, sonntags ist geschlossen. Der Telefon- und Telegrammdienst der Hauptpost an der Place Bellecour hat die gleichen Öffnungszeiten. Briefmarken bekommt man in allen Tabakgeschäften, die durch eine dicke rote Zigarre gekennzeichnet sind.

Sport

Auskünfte, was man wo wann treiben kann, erteilt das CRIJ, 9, Quai des Célestins, Tel. 78 37 15 28. Eine Liste Lyoner Sportstätten bietet im übrigen der »Petit Paumé«. Hier eine Auswahl:
Angeln:Genehmigung erteilt die Liga Pêche Sportive, 19 B, Chemin des Petites Brosses, Caluire, Tel. 78 23 98 62
Billard: Ligue de Billard du Lyonnais, 26, Rue de Crimée, Tel. 78 28 17 85
Boules: Boulodrome, Stade Édouard-Herriot Td. 78 37 16 10
Bowling: Centre Commercial de la Part-Dieu Tel. 78 62 64 32
Bridge: 6, Rue Duhamel, Tel. 78 42 10 89

Golf: 123, Rue de Créqui, Tel. 78 62 81 03
Schach: L'échiquier Lyonnais, 29, Place Bellecour
Schlittschuhlaufen: Patinoire Municipale, 100, Cours Charlemagne, Tel. 78 42 64 55
Schwimmen: Hallenbad, Piscine de la Mulatière, 25, Cours de Verdun; Freibad, Centre Nautique du Rhône, Quai Claude-Bernard (zwei 50-m-Becken)
Tennis: Lyon Plage, 70, Quai Joseph-Gillet (12 Plätze)

Sprachschulen

Alliance Française, 160, Rue Pierre Corneille, Tel. 78 95 24 72. Für andere Adressen wende man sich an das CRIJ-Büro, S. 146

Straßenkünstler

Auskünfte über die »Genehmigung zur Besetzung öffentlichen Raumes« (autorisation d'occupation du domaine public) erteilt die städtische Polizei, Stichwort: animation des rues, Tel. 78 27 71 31, Poste 3920

Taxis

Taxifahren ist in Lyon genauso teuer wie in der Bundesrepublik Deutschland Für eine Fahrt von der Place Bellecour zum Bahnhof Part-Dieu bezahlt man 9 Francs Grundgebühr, 11 Francs Fahrt und 5 Francs Gepäckkosten.
Taxiruf: Allo Taxi, Tel. 78 28 23 23

Telefon

Neunundneunzig Prozent der öffentlichen Fernsprecher in Lyon funktionieren nur mit Karte, was besonders auf den Bahnhöfen ein großes Ärgernis ist. Findet man nach stundenlangem Suchen doch noch einen der guten alten Münzfernsprecher, benötigt man für Ortsgespräche einen Franc. Ferngespräche tätigt man am besten in der Hauptpost (mit Münzen!), Bundesrepublik Deutschland: 19 wählen und das Freizeichen abwarten, dann 49 und die Vorwahl ohne 0. Bei einem Anruf in die Schweiz wählt man nach der 19 eine 41 für Österreich eine 43. Anrufe nach Lyon: 0033 und unmittelbar danach die achtstellige Teilnehmer-Nummer. Die Telefonkarten bekommt man überall, wo es Briefmarken gibt. Die »Kleine« kostet 40 Francs und hat 50 Einheiten, die »Große« 96 Francs für 120 Einheiten. Ermäßigter Tarif von Lyon ins Ausland: Montags bis freitags 21.30–8 Uhr, samstags ab 14 Uhr sowie ganztags an Sonn- und Feiertagen

Theater und Konzertsäle

Eine jährliche Übersicht über die Theatersaison gibt es beim Touristenbüro Bellecour. Hier nur eine Auswahl:

Théâtre les Ateliers, 5, Rue Petit-David, Tel. 78 37 46 30: Avantgarde-Bühne, auch Gastspiele deutscher Bühnen

Théâtre des Célestins, 4, Rue Charles-Dullin, Tel. 78 37 50 51: Klassiker und Moderne in einem gemütlichen Plüschtheater

Théâtre du Huitième (Carrefour Européen du Théâtre), 8, Avenue Jean-Mermoz, Tel. 78 74 32 08: von Molière bis Asterix wird alles gespielt, außerdem Variétes und Ballett-Gastspiele

T.N.R (Théâtre National Populaire), 8, Place Lazare-Goujon, 69100 Villeurbanne, Tel. 78 84 70 74: sehr sehenswert mit zeitgenössischen französischen und ausländischen Stücken sowie Klassikern in unkonventionellen Inszenierungen (Roger Planchon, Patrice Chereau), Musiktheater

Théâtre de la Platte, 32, Rue René-Leynaud, Tel. 78 39 25 69: Moderne; wer seine Rolle als Zuschauer satt hat, kann an einem Workshop teilnehmen und selbst die Bühne erobern

Opéra de Lyon, Place de la Comédie: bis die Bauarbeiten am Opernhaus abgeschlossen sind (und das kann dauern!), werden die Veranstaltungen (Konzerte, Opern und Ballette) unter dem Stichwort »L'Opera de Lyon hors les murs« in anderen Konzert- und Theatersälen der Stadt aufgeführt. Information: 9, Quai Jean Moulin, Tel. 78 28 09 50 oder 78 28 09 60

Auditorium Maurice-Ravel, 149, Rue Garibaldi, Tel. 78 60 37 13, Repräsentationskonzerte des 110köpfigen Orchestre National de Lyon unter Emmanuel Krivine und des 80köpfigen Chors unter Bernard Tétu; internationale Künstler, Ballette, Konzerte auf einer riesigen Elektroorgel

Maison de la Danse, 96, Grande-Rue de la Croix-Rousse, Tel. 78 29 43 44: Modern Dance und Klassik, Gastspiele französischer und ausländischer Ballett-Truppen

Salle Molière, 18, Quai de Bondy, Tel. 78 28 03 11: Kammermusik und Konzerte

Salle Rameau, 29, Rue de la Martinière, Tel. 78 28 24 75: Kammermusik und Konzerte

Marionettentheater: Nouveau Théâtre de Guignol, Rue Louis-Garrand, Tel. 78 28 92 57

Kartenvorbestellungen an den Theaterkassen, Vorverkauf bei Rabut, 6, Rue Président-Édouard-Herriot, Td. 78 28 28 65 und 78 28 34 12; FNAC, 85, Rue de la République, Tel. 78 42 26 49

Unterkünfte (Auswahl)
Das Touristenbüro Bellecour verteilt eine über Komfort und Preise informierende Hotelliste mit Kategorien von der Luxusklasse abwärts.

Luxusklasse: Cour des Loges, 2-8, Rue du Bœuf, Tel. 78 42 75 75: für 1000-1500 Francs pro Nacht ein Nonplusultra an Komfort (Schwimmbad mit Whirlpool, Sauna, Terrassengarten) in einem der ältesten Häuser der Stadt (S. 42)

4 Sterne: Hôtel Sofitel, 20, Quai Gailleton, Tel. 72 41 20 20: for businessmen; Grand Hôtel Concorde, 11, Rue Grolée, Tel. 78 40 45 45: Luxuspalast mit Tradition, bereits Colette schwärmte von seiner exzeptionellen Lage am Rhônequai; Hôtel Pullman Perrache, 12 Cours de Verdun, Tel. 78 37 58 11: renoviertes Grandhotel direkt am Bahnhof; Holiday Inn Crown Plaza, 29, Rue de Bonnel, Tel. 72 61 17 54: nigelnagelneu

3 Sterne: Hôtel Royal, 20, Place Bellecour, Tel. 78 37 57 31: repräsentative Lage, im Stil Louis' XV. ausstaffiert; Hôtel des Artistes, 8 , Rue Gaspard-André, Tel. 78 42 04 88: für Autogrammjager; Hôtel Pullman Part-Dieu, 129, Rue Servient, Tel. 78 62 94 12: höchstes Hotel Europas in der Spitze des »Bleistifts« im Part -Dieu -Viertel

2 Sterne: Hôtel Bayard, 23, Place Bellecour, Tel. 78 37 39 64: fürstliche Zimmer (Nr. 2 & 4) zu bürgerlichen Preisen; Hôtel des Congrès, Place du Commandant-Henri-Rivière, Villeurbanne, Tel. 78 89 81 10: modern und zweckmäßig ausgestattet; Phénix Hôtel, 7, Quai de Bondy, Tel. 78 28 30 40: originelle Mansardenstübchen für Bohémiens

1 Stern: Hôtel de Vichy, 60 bis, Rue de la Charité, Tel. 78 37 42 58: freundliches Familienhotel; Le Beaujolais, 22, Rue d'Enghien, Tel. 78 37 39 15: zwei Minuten vom Bahnhof Perrache in Blickweite der Kirche Ainay, Hôtel du Retour, 18, Rue des Remparts d'Ainay, Tel. 78 37 75 39: billig

ohne Stern: de la Bibliothèque 4, Quai Romain-Rolland, Tel. 78 37 30 19: sauber und preiswert

Wetter

»Es regnet nicht, es ist warm, lind, grau – ein schönes Lyoner Wetter« meldete Colette vom frühen April. Daß es in der Rhône-Saône-Stadt meistens regne und immer neble, sind zwei ebenso hartnäckige wie falsche Vorurteile. Tatsächlich fürchtete Flaubert seinerzeit die dichten Rhône-Nebel als Ursache langer Reiseverzögerungen. Heute ist Lyoner *brûme* eher eine Rarität. Fotoglück hat, wen in Lyon der Mistral überrascht. Dieser pustet zwar alle fotogenen Wolken weg, aber auch den Dunst. Die Temperatur sinkt erheblich obwohl die Sonne klar vom tiefblauen Himmel strahlt. Im Ganzen herrscht ein milderes Klima als in Paris.

Zeitungen

Die wichtigsten internationalen Tageszeitungen gibt es am Kiosk vor dem Café des Négociants auf der Place Francisque-Regaud und natürlich auf den Bahnhofen Perrache und Part-Dieu.

In Lyon erscheinen vier regionale Tageszeitungen: Le Progrès, 83, Rue de la République, Tel. 78 37 12 12, Lyon Libération, 24, Rue Childebert, Tel. 78 42 08 09, sowie Lyon Matin, Tel. 78 92 63 63, und Lyon Figaro, Tel. 78 92 63 00, beide in der 14, Rue de la Charité

Zitate

In dieser Umgebung lebt der Lyoner, der ein in den Süden verirrter Menschenschlag des Nordens zu sein scheint, ein Menschenschlag nachdenklicher Arbeiter, die zwar den Kopf hochtragen, sich aber darauf verstehen, die Erde zu bewirtschaften. Der Lyoner handelt in Widersprüchen, deshalb erscheint er rätselhaft. . . Neidisch und teilnahmsvoll, viel Sorgfalt darauf verwendend, die Seinen am Sterben als am Großwerden zu hindern, sehr aufgeschlossen und rechtschaffen, heißen Herzens und kalten Äußerens, gelegentlich viel wagend und sich leicht mit unverständlicher Mittelmäßigkeit abfindend, ahnt der Lyoner voraus, träumt von großen Dingen, begibt sich auf den Weg, um sie zu erreichen, und hält an. Er ist ein Unvollendeter.
Edouard Aynard

Eigenartige Stadt, bigott und handeltreibend, katholisch und protestantisch, voll von Nebel und Rauch, wo sich die Ideen nur schwer aufklären. Alles, was aus Lyon kommt, ist minutiös, betulich, voller Vorsicht.
Charles Baudelaire

Mein Freund, diese Gegend ist nichts für mich.
Voltaire

Man muß die Ignoranz derer bemitleiden, denen Gott nicht wie uns die Gnade schenkte, in Lyon zur Welt gekommen zu sein.
Clair Tisseur

Ich habe Lyon gesehen . . . Ich glaube, es ist die Stadt, die ich auf der Welt von allen am meisten liebe.
François-René Chateaubriand

Bis jetzt bin ich recht unzufrieden mit Lyon. Die Gegend an den Ufern der Rhône ist sehr pittoresk, aber das Stadtinnere mit seinen hohen Häusern und den engen Straßen ist traurig, düster und dreckig. Betriebsamkeit und Bevölkerung sind im Verhältnis ebenso groß wie in Paris, doch erweist sich die Lebendigkeit als eine verdrießlich-geschäftige. Es ist die Unruhe der Arbeit, nicht des Vergnügens.
George Sand

Es war gewiß peinlich, darauf angewiesen zu sein, die Nacht auf der Straße zu verbringen, was mir mehrmals in Lyon zugestoßen ist. Ich gäbe lieber einige Heller, die mir verblieben, für Brot als für Unterkunft aus, denn schließlich liefe ich weniger Gefahr, aus Schlafmangel als des Hungers zu sterben.
Jean-Jacques Rousseau

Es kann einem im eigenen Haus nicht besser aufgetischt werden als in einem Gasthof Lyons.
Erasmus von Rotterdam

Lyon: das ist weder Provinz noch Paris – das ist viel, viel besser.
Pierre Cochereau

Lyon war eine schöne, eine regsame, eine lebensfreudige Stadt, es blickte auf eine blutige Geschichte zurück und war immer fleißig und immer ein Platz der Aufstände, ein Herd der Unruhen gewesen. Man hatte sich um die Geschäfte, um den Besitz, um den Glauben und um die Revolution gestritten, man hatte sich bereichert und sich erniedrigt, man hatte Präsidenten ermordet und sie mit einem Denkmal geehrt. Zwei Ströme flossen in die Stadt und vermählten sich in ihr; die Saône kam wie eine anschmiegsame Geliebte, die Rhône wie ein stürmischer Liebhaber. . . Am Ufer der Rhône gab es schöne Alleen alter Bäume, gab es Bänke zum Sitzen und Banken für große Geschäfte, es gab die Angler, wie überall in Frankreich, und die Damen des Trottoirs saßen im hellen Sonnenlicht vor dem schmucken Café des braven Mannes.
Wolfgang Koeppen

Femmes du peuple de Lyon.
(Dép.t du Rhône)

Bibliographie

Alain, Pierre: Lyon et sa région. Paris 1986

Ardouin, Paul: Maurice Scève, Pernette du Guillet, Louise Labé. Nizet 1981

Aubrac, Lucie: Ils partiront dans l'ivresse. Lyon, mai '43 – Londres, février '44. Paris 1984

Audin, Amable: Musée de la civilisation gallo-romaine a Lyon. 12. Aufl. Lyon 1988. Dt. Ausgabe: 2. Aufl. Lyon 1985

Audin, Amable/Leyge, François u.a.: Regarder et comprendre une ville. Paris 1987

Audin, Amable: 1933-1983. Le chantier archéologique de Fourvière à cinquante ans. Lyon 1983

Audin, Amable: Lyon, miroir de Rome. Paris 1965. Neuaufl.1979

Audin, Amable: Retrouver Lugdunum. In search of Lugdunum. Auf den Spuren von Lugdunum. Lyon 1981

Aulas, Bemard: Vie et mort des Lyonnais en guerre 1939-1945. Roanne 1974

Auzias, Jean-Marie/Proriol, Evelyne: Visages des mots. Soixante portraits d'écrivains en Rhône-Alpes. Lyon 1985

Bacot, Paul (Hrsg.): Atias électoral de Lyon et du Rhône. Élus et élections 1958–1985. Caluire 1986

Barbier, Jean-Christian: Voyage au ventre de Lyon. Lyon 1981

Barbier, Jean-Christian: Lyon noir et secret. Lyon 1980

Baudelaire, Charles: Curiosités esthétiques. Paris 1868. Neuaufl. 1987

Benoit, Félix: Les Lyonnais étranges. Paris 1984

Benoit, Félix/Quéré, Marcel: Lyon insolite et superbe Franz. Dt. Engl. Lugano 1987

Benoit, Félix: Almanach 1988 du Lyonnais. ls Coteau 1988

Benoit, Félix: L'humour lyonnais. Roanne 1981

Benoit, Félix und Bruno: Hérésies et diableries à Lyon et alentours. Le Coteau 1987

Benoit, Félix: Le grand livre de la cuisine Iyonnaise. Paris 1988

Bernachon, Maurice und Jean-Jacques: La passion du chocolat. Paris 1985

Bernard, Jean-Louis: Histoire secrète de Lyon et du Lyonnais. Paris 1977, Neuaufl.1987

Bertin, Dominique/Clémençon, Anne-Sophie: Lyon guide. Paris 1986

Bideau, Daniel: Lyon ville romaine et royale. Lyon 1980.

Bideau, Daniel: Les lieux disparus de Lyon. Lyon 1985

Bitsch, Horst: Das Erzstift Lyon zvvischen Frankreich und dem Reich im Hohen Mittelalter. Göttingen 1971

Bocuse, Paul: Die Neue Küche. Düsseldorf 1977

Boitel, Léon: Lyon ancien et modeme. Le Coteau 1980

Bonnet, Jacques: Lyon et son agglomération. Les enjeux d'une métropole européenne. Paris 1987

Borgé, Guy und Marjorie: Lyon naguére 1840-1938. Paris 1979

Borgé, Guy und Marjorie/Clavaud, René: Les transports à Lyon. Du tram au métro Lyon 1984

Borgé, Guy und Marjorie/Crispin, Nicolas: Lyon passé et présent sous le même angle. Paris-Genf 1987

Bouchet, Alain (Hrsg.): La médecine à Lyon des origines à nos jours. Paris 1987

Bourgeois, Louis: Quand la cour de France vivait à Lyon (1494-1551). Paris 1980

Bourgeois, Louis/Nègre, Hervé: Lyon états d'âme. Genf 1986

Bravard, Jean-Paul: La Rhône du Léman à Lyon. Lyon 1987

Breghot du Lut, Claude: Catalogue des Lyonnais dignes de mémoire. Lyon 1839. Nachdruck Moirans 1981

Breghot du Lut, Claude: Mélanges biographiques et littéraires pour servir à l'histoire de Lyon. Lyon 1828. Nachdruck Genf 1971

Brochier, Jean-Jacques: Une enfance lyonnaise au temps du Maréchal. Paris 1984

Bruyas, Jacques: Histoire des hommes célèbres du Lyonnais. Petit panthéon régional. Lyon 1982

Burdy, Jean: Autour de Lyon les aqueducs romains. Lyon 1985

Burdy, Jean: L'aqueduc romain du Mont d'Or. Lyon 1987

Cau, Yves: Un grand quotidien dans la guerre: Le Progrès, juin 1940 - novembre 1942. Lyon 1979

Cayez, Pierre: Métiers Jacquard et hauts fourneaux. Aux origines de l'industrie lyonnaise. Lyon 1978

Cayez, Pierre: Crises et croissance de l'industrie lyonnaise 1850-1900. Paris 1980

Chambost, Maurice: Des coutumes populaires aux illuminations lyonnaises du 8 décembre. Tarare 1986

Champdor, Albert: Lyon au 16. siècle. Lyon 1981

Champdor, Albert: Les rois de France à Lyon: de Charles VI à Louis XIV. Lyon 1986

Champdor, Albert: Les grandes heures de Bellecour. Lyon 1987

Champdor, Albert: Journal d'un Lyonnnais au 17. siècle. Lyon 1985

Champdor, Albert: Livre d'or des Lyonnais de haut caquet. Lyon 1984

Champdor, Albert: Lyon pendant la révolution 1789-1793. Lyon 1983

Champdor, Albert: Vieilles chroniques de Lyon. Lyon 1974-81. Paris 1983

Champdor, Albert: Louise Labé: son œuvre et son temps. Trevoux 1981

Chanteret, Pierre: Lettres à mon cousin. La vie religieuse Lyonnaise vue par un contemporain. Collection du bicentenaire de la révolution française à Lyon.. Lyon 1985

Chardère, Bernard (Hrsg.): Lyon aujourd'hui vu par 41 jeunes photographes. Lyon 1982

Chartier, Perlette: Jadis libraire. Rue du Bat-d'Argent. Lyon 1984

Chauvy, Gérard: Lyon des années bleues. Libération, épuration. Paris 1987

Chevailler, René/Girardon, Bernard u.a.: Lyon – les traboules du mouvement ouvrier. Paris 1980

Clavel, Bernard/Chourgnoz, Jean-Marie: Lyon – brumes, soies et pénombres. Lyon 1983

Colonia, Dominique de: Histoire littéraire de la ville de Lyon avec une bibliothèque des auteurs lyonnais sacrés et profanes distribués par siècles. Lyon 1728-1730. Nachdruck 2 Bände. Genf 1970.

Daoust, Yvette: Roger Planchon: director and playwright. Cambridge 1981

Deloche, Bernard: Le mobilier bourgeois à Lyon. Lyon 1980

Derogy, Jacques: Enquête sur un juge assassiné. Vie et mort du magistrat lyonnais François Renaud. Paris 1977

Devinaz, Danielle/Jadot, Bemard: Villeurbanne autrefois. Paris 1988

Dufour, Jean: Calixte ou l'introduction à la vie lyonnaise. Lyon 1926. Neuaufl.1978

Duluc, André: Jeux de boules. Pétanque, boule lyonnaise, bowling, jeux régionaux. Paris 1978

Durey, Philippe: La Musée des Beaux Arts de Lyon. Paris 1988

Emery, Cécile: Ennemond Trillat, musicien lyonnais. Lyon 1979

Estang, Luc: Antoine de Saint-Exupéry. Rowohlts Monographien. Reinbek bei Hamburg 1979

Eynard, Georges: Joseph Chalier. Collection du bicentenaire de la révolution française à Lyon. Lyon 1986

Feuga, Paul: L'Hôtel de ville de Lyon – l'hôtel commun et les municipalités Lyonnaises 1789-1795. Collection du bicentenaire de la révolution française à Lyon. Lyon 1985

Fournel, Paul: L'histoire véritable de Guignol. Paris 1981

Fragny, Robert de: 50 ans de vie culturelle à Lyon. Lyon 1982

Frangin, Bernard: Lyon à table. Paris 1986

Garden, Maurice: Lyon et les Lyonnais au 18ième siècle Paris 1975. Neuaufl.1984

Garden, Maurice: Histoire économique d'une grande entreprise de santé: le budget des hospices civils de Lyon 1800-1976. Lyon 1980

Gardes, Gilbert: Lyon l'art et la ville. Band 1 Urbanisme – Architecture. Band 2 Architecture–Décor. Paris 1988

Garrier, Gilbert (Hrsg.): Le Rhône et Lyon de la préhistoire à nos jours. Saint-Jean-d'Angély 1987

Gauthier, Anne-Marie: Recueil de la gastronomie Iyonnaise. 80 recettes simples. Colmar 1982

Godart, Justin: L'ouvrier en soie. Monographie du tisseur lyonnais. Paris 1899. Nachdruck Genf 1976

Gonthier, Nicole: Sites et monuments historique de Lyon. Lyon 1985

Gonthier, Nicole: Lyon et ses pauvres au moyen-âge (1350-1500). Lyon 1978

Gontier, Josette: La soierie de Lyon. Le Puy-en-Velay 1978. Neuaufl. Paris 1985

Gontier, Josette: Pierre Jolly, canut. Paris 1978

Goujon, Paul/Levin, Marc: Lyon le melhor. Lyon the best. Lyon die allerbeste. Lyon 1985

Guillaume Paradin de Cuyfeaulx, Doyen de Beaujeu: Mémoires de l'histoire de Lyon. Lyon 1573. Nachdruck Lyon 1985

Guillon de Montléon: L'histoire du siège de Lyon. Lyon 1796. Roanne 1977

Gutton, Jean-Pierre (Hrsg.): Les Lyonnais dans l'histoire. Toulouse 1985

Hardouin-Fugier, Elisabeth: Le Poème de l'âme par Janmot. Lyon 1977

Hardouin-Fugier, Elisabeth: Les peintres de l'âme: art Iyonnais du 19ième siècle. Lyon 1981

Hardouin-Fugier, Elisabeth: Voir revoir Fourvière. Hauteville-Lompnes 1988

Hours, Henri: Lyon, l'argent et la soie. Paris 1986

Jacquemin, Louis: Histoire des églises de Lyon, Villeurbanne, Vaulxen-Velin, Bron, Venissieux, Saint-Fons. 2. Aufl. Lyon 1985

Joliveau, Thierry: Associations d'habitants et urbanisation. L'exemple lyonnais (1880-1983).

Kleinclausz, Arthur: Histoire de Lyon des origines à 1940.3 Bände, Lyon 1939. Neuaufl. Marseille 1978

Kleinclausz, Arthur: Lyon des origines à nos jours. La formation de la cité Lyon 1925. Neuaufl. Marseille 1980

Labé, Louise: Die vierundzwanzig Sonette der Louize Labé Frz., dt. Übertr. von Rainer Maria Rilke. Neuaufl. Frankfurt 1980 (Inselbücherei 222)

Lacourtablaise-Fouillard, Fabienne: La réhabilitation de l'habitat ancien à Lyon. Lyon 1982

Ladret, Albert: 1793 – Lyon contre la convention. Les Francs-Maçons sur l'échafaud. Lyon 1987

Latarjet, Raymond: Novelettes. Souvenirs d'un biologiste lyonnais. Lyon 1987

Latreille, André (Hrsg.): Histoire de Lyon et des Lyonnais. Toulouse 1975. Neuaufl.1984

Lavarenne, Joseph: Gandoises et gognandises. Lyon 1953. Neuaufl. 1981

Lavarenne, Joseph: Nous autres les gones. Lyon 1953. Neuaufl.1981

Lebeau, René: Atlas et géographie de la région lyonnaise. Paris 1976

Legrand, Pierre-Émile: Un »regroleur« dit Gnafron – un canut nommé Guignol. Lyon 1975

Lequin, Yves: Les ouvriers de la région lyonnaise.2 Bände. Lyon 1977

Lermina, Jules: Lyon. Bourg-en-Bresse 1986

Leroudier, Henri: Miniguide Guignol de Lyon.3. Aufl. Lyon 1984

Leutrat, Paul: La sorcellerie lyonnaise. Paris 1977

Leutrat, Paul: Promenades Lyonnais-Beaujolais. 2. Aufl. Lyon 1979

Licht, Margalit/Rodes, Christine: Lyon mode d'emploi. Le guide de la vie quotidienne. Paris 1981

Linsolas, Jacques: L'église clandestine de Lyon. Mémoires. Collection du bicentenaire de la révolution française à Lyon. 2 Bände. Lyon 1985/6

LouvicourtX Marie-Louise/Lazare, Jean: Lyon 1900 – au temps des années folles. Grenoble 1980

Lucenet, Monique Lyon malade de la peste. Paris 1981

Marec, Gérard le: Lyon sous l'occupation. Rennes 1984

Martiniani-Reber, Marielle: Lyon, Musée historique des tissus. Soieries sassanides, coptes et byzantines.5.-11. siécles. Paris 1986

Maynard, Louis-Séraphin: Rues de Lyon. Lyon 1922. Neuaufl.1980

Maynard, Louis-Séraphin: Dktionnaire de lyonnaiseries. Lyon 1932. Neuaufl. 4 Bände 1982

Mérindol, Pierre: Lyon, le sang et l'argent. Paris 1978. Neuaufl.1987

Mérindol, Pierre/Griffouliere, Jean-Paul: Guide officiel du Lyonnais bon chic. Versailles 1987

Merona, Xavier de: Richesse du Parc de la Tête d'Or. Trevous 1987

Mesplede, Jean-François/Naville, Marc: L'histoire de l'olympique lyonnais depuis 1950. Roanne 1986

Michalon, Antoine: La cathédrale de Lyon. Colmar–Ingersheim 1974

Michel, Serge: Chemins de fer en Lyonnais 1927-1957. Lyon 1986

Miège, Madeleine: Le Français dialectal de Lyon. Lyon 1937. Neuaufl. Marseille 1981

Moisonnier, Maurice: L'internationale et la commune à Lyon. Paris 1973

Moissonier, Maurice: Le mouvement ouvrier dans le Lyonnais au 19. siècle. Lyon 1981

Monfalcon, Jean-Baptiste: La révolte des canuts. Paris 1834. Neuaufl. Toulouse 1979

Mure, André und Christian: Lyon gourmand. 16. Aufl. Lyon 1986

Nizier du Puitspelu (Pseudonym für Clair Tisseur): Le littré de la grand' côte. Lyon 1894. Neuaufl.1980

Nizier du Puitspelu: Les vieilleries lyonnaises. Lyon 1891. 3. Aufl. 1980

Onofrio, Jean-Baptiste d': Théâtre lyonnais de Guignol. Lyon 1909. Neuaufl. Marseille 1978

Onofrio, Jean-Baptiste d': Glossaire des patois: Lyonnais, Forez, Beaujolais. Lyon 1864. Neuaufl. Roanne 1974

Pelletier, André (Hrsg.): Grande Encyciopédie de Lyon et des communes du Rhône. 4 Bände. Roanne 1981 ff.

Pelletier, Jean: Lyon pas à pas. Son histoire à travers ses rues. 2 Bände. Roanne 1985

Pelletier, André: La femme dans la société gallo-romaine. Paris 1984

Pierron, Agnés: Maréchal, sa carrière lyonnaise (1960-1975). Lausanne 1977

Pinol, Jean-Luc: Lyon à l'époque du front populaire Lyon 1980

Pommier, Henriette: Soierie lyonnaise 1850-1940. Paris 1980

Pradel, Louis: Mon Lyon superbe. Paris 1976

Ragot, Jean-Joseph: Lyon. Lyon 1985

Rapin, Georges: La Croix-Rousse à travers l'histoire Lyon 1983

Reynand, Jean-François: Lyon aux premiers temps chrétiens: basiliques et nécropoles. Paris 1986

Reynon, Claudius: Le his du charcutier. Souvenirs – anecdotes – recettes. Lyon 1984

Rittaud-Hutinet, Chantal: Mémoire vivant de la Croix-Rousse. Paris 1982

Roch, Jean-Baptiste: Histoire des ponts de Lyon de l'époque gallo-romaine à nos jours. Le Coteau 1983

Romagnoli, Jean-Jacques/Salmon, Jacqueline: Primatiale Saint-Jean-Lyon – le temps d'un échafaudage. Lyon 1985

Royer, Claude: L'architecture rurale française. Lyonnais. Paris 1979

Ruby, Marcel: La résistance à Lyon.2 Bände. Lyon 1979

Ruby, Marcel: La contre-résistance à Lyon. Lyon 1981

Ruby, Marcel: Klaus Barbie, de Montluc à Montluc. Lyon 1983

Rude, Fernand: C'est nous les canuts. Paris 1977

Rude, Fernand: Les révoltes des canuts 1831–1834. Paris 1982

Selle, Hélène de la: Cafés et brasseries de Lyon. Architecture et décor des cafés et brasseries de Lyon des origines à 1941. Marseille 1986

Ternois, Daniel/Perez, Marie-Félicie u.a.: L'œuvre de Soufflot à Lyon. Lyon 1982

Ternois, Daniel (Hrsg.): Lyon et l'Italie. Six études d'histoire de l'art. Paris 1984

Thevenet, Roland: Lyon légendaire et imaginaire. Challes-les-Eaux 1983

Tracol, Michel-André: Le sang du Rhône. Granges-lès-Valance 1986

Tracol, Michel-André: Quand le Rhône était un fleuve. Granges-lés-Valance 1980. Neuaufl. 1985

Tuchscherer, Jean-Michel: Étoffes merveilleuses du Musée Historique des Tissus Lyon. 3 Bände. Editions Gakken/Japan 1976

Tuchscherer, Jean-Michel/Vial, Gabriel: Le Musée Historique des Tissus de Lyon. Lyon 1977

Vachet, Adolphe: A travers les rues de Lyon. Lyon 1902. Nachdruck Marseille 1982

Vachet, Adolphe: Glossaire des gones de Lyon. Lyon 1907. Nachdruck Marseille 1983

Vaganey Tempere, Colette: Médecine de la Belle Époque à nos jours dans le Lyonnais. Le Coteau 1987

Vallerant, Jacques: Récits et contes populaires de Lyon. Paris 1978

Varille, Mathieu: La cuisine Iyonnaise. Lyon 1928. Nachdruck Genf 1987

Vasquez, Émile: Gerland que j'aime. La vie du quartier 1803 – 1983. Lyon 1988

Vernay, Laurie: Lyon des restrictions. Grenoble 1982

Vincent, Madeleine: La peinture Iyonnaise du 16. au 20. siècle. Lyon 1980

Vincent, Madeleine: Lyon vu par les peintres. Lyon 1979

Vingtrinier, Emmanuel: Vielles pierres lyonnaises. Paris 1987

Webman, Jerry A.: Reviving the industrial city. The politics of urban renewal in Lyon and Birmingham. London 1982

Werner, François: Les bonnes tables de Lyon et sa région. Villeurbanne 1981

Zeller, Olivier: Les recensements Iyonnais de 1597 et 1636. Démographie historique et géographie sociale. Lyon 1983

Zeller, Olivier/Hours, Henri: Lyon, l'argent, le commerce et la soie. Lyon 1986

Register

Aéroport de Satolas 145
Ainay **69 – 75**, 86
Alembert, Jean-Baptiste d' 111
Ampère, André-Marie 95, 101, 148
Amphithéâtre des Trois-Gaules 16, 55
André, Gaspard 62, 115
Auditorium Maurice-Ravel 81, **83**, 84, 152
Audran, Gérard 62
Aulas, Bernard 28
Avénue du Maréchal-Foch 77
Aynard, Édouard 155

Baltard, Louis-Pierre 112
Barbie, Klaus 28, 30, 36, 89, 130
Bartholdi, Frédéric-Auguste 65
Basilique Notre-Dame-de-Fourvière 8, 44, 48, **84 – 86**
Basilique Saint-Martin-d'Ainay 75, 77, **86 – 87**
Baudelaire, Charles 73, 104, 120, 155
Béraud, Henri 62
Berigaud, Louis-Marie-Hilaire 52
Bernard, Joseph 78
Bertaux, Pierre 81, **119**
Bibliothèque Municipale 81, **87**, 143
Blanc, Louis 26
Bockelmann, Werner 138
Bocuse, Paul 80, **130 – 132,** 133
Boileau-Despréaux, Nicolas 114

Bonaventura 93
Bossan, Pierre 48
Bourillot, Christian 130
Brazier, Eugénie 130
Brocante de Vieux Lyon 148
Brosette, Claude 114
Brotteaux 27, **76 – 80**, 122
Boulevard de la Croix-Rousse 54
Boulevard des Belges 79, 106, 147
Buyer, Barthélemy 18, 95

Carnot, Sadi 67,148
Cäsar, Julius 13
Cathédrale Saint-Jean 8, 17, 25, 35, 36, 88, **89 – 91**
Centre d'Échanges de Perrache 72, 73, **91 – 92**, 133, 143, 145, 146, 150
Chalier, Joseph 23, 59
Chapel, Alain 130–132
Chappuzeaux, Samuel 34
Charbs de Bourbon 91,113
Chateaubriand, François-René Vicomte de 80, 155
Chavent, Philippe 130
Chenavard, Paul 63, 104, 111
Christine von Schweden 38
Cité Internationale 78
Cochereau, Pierre 156
Cohn-Bendit, Daniel 140
Colette 9, 153
Collomb, Francisque 29

Collonges-au-Mont d'Or 130
Cotte, Robert de 58
Cour des Voraces 54
Cours Franklin-Roosevelt 77, 133
Cours Lafayette 80, 122, 148
Coustou, Guillaume 58, 62
Couthon, Georges 24
Crédit Lyonnais 79, 153
Croix-Rousse 6, 13, 16, 26, 44,
    50 – 56, 102, 120

Dardel, René 112
Delfante, Charles 81, 98
Desjardins, Martin 58
Dolet, Étienne 18
Dufour, Jean 10
Duluc, André 127

Église de la Rédemption 78
Église Saint-Bonaventure 68,
    92 – 94
Église Saint-Georges 31, 43, **94**
Église Saint-Nizier 63, **94 – 95**, 122
Église Saint-Paul 40, **96**
Église Saint-Polycarpe 52
Église Saint-Sébastien 54
Erasmus von Rotterdam 156
Espace Brotteaux 79, **96 – 97**
Estienne, Henri 138
Eurexpo 81, **97 – 98**

Fargue, Léon-Paul 123
Favre, Claude-Gabriel-Jules 27
Filloux, Françoise 130
Flandrin, Hippolyte 62, 87
Foire de Lyon s. Eurexpo
Fourvière 6, 13, 16, 27, **43 – 49**, 55
    84, 106, 146
Frankfurt 21, 27, 97, 138–140

Friedell, Egon 22

Gare de la Part-Dieu 68, 80, 81, 96
    98, 144, 145, 150
Gare de Perrache s. Centre
    d'Echanges de Perrache
Gare Saint-Paul 144
Garioud, Guy 133
Girodet, Jean 98
Giroud, Robert 117
Goethe, Johann Wolfgang von
    21, 138
Guimet, Émile 107

Halle de Lyon 80, 148
Hardouin-Mansart, Jules 100
Hauff, Volker 140
Heine, Heinrich 9
Henri IV.20, 89
Heraclius von Montbassier 17
Herbigny, Henri-François Lambert d'
    139
Herriot, Édouard **81 – 82**, 123
Hölderlin, Friedrich 58, 81, 114, 119
Hôtel de Gadagne 42, **108**
Hôtel de la Chamarrerie 36
Hôtel de la Couronne 67
Hôtel de Lacroix-Laval 72
Hôtel de Ville 30, 51, 65, 66, 67
    100 – 101
Hôtel de Villeroy 72, 110
Hôtel-Dieu 69, **98 – 99**
Hôtel du Gouvernement 38
Hôtel Paterin 37, 40

Innozenz IV. (Papst) 89
Ipousteguy, Jean-Robert 65

Jacquard, Joseph-Marie 24, 54, **120**

Janmot, Louis-François 52, 75, 104, **120 – 121**
Johannes Paul II. (Papst) 50, 89, 149
Judéaux, Daniel 133

Kellermann, François-Christophe 23
Kleberg, Hans 48, 71
Klemens V. (Papst) 46
Koeppen, Wolfgang 9, 156
Krivine, Emmanuel 152
Krüger, Horst 139

Labé, Louise 65, 69, **121 – 122**
Lacombe, Paul 130
Lamartine, Alphonse de 69
Lemot, François-Frédéric 58
Leroux, Morice 117
Loge du Change 38
Louis XIV. 20, 21, 57, 138
Loyer, Toussaint 99
Lucius Munatius 13
Lumière, Auguste und Louis 69, 149
Lycée Ampère 66, **101**

Maison de la Condition des Soies 51
Maison des Canuts 51, 55, **101 - 102**
Maison Laurencin 38
Maison Thomassin 38
Mandelot, François de 78
Manécanterie 35
Mann, Heinrich 20
Marché aux Antiquaires 148
Marché aux Timbres 148
Marché Biologique 148
Marché de la Création 147
Marché des Antonins 9, 148
Maria von Medici 20, 89
Martin, Claude 56

Maupin, Simon 100
Meissonier, Jean-Louis-Ernest 64
Mérimée, Prosper 96
Michelet, Jules 44
Mionnay 130
Montée des Chazeaux 42
Montée du Gourguillon 34, 49
Morand, Jean-Antoine 27, 76
Moulin, Jean 28, 110
Mourguet, Laurent 40, 95, **122**, 135
Musée d'Art Contemporain 105
Musée de la Civilisation Gallo-
    Romaine 34, 46, 47, 52, 75, **105 – 106**, 107, 116
Musée de la Marionnette 42 **108 – 110**
Musee de la Résistance 79, **110**
Musée de l'Imprimerie et de la
    Banque 67, **108**
Musée des Arts Décoratifs 72, **102 – 103**, 111
Musée des Beaux-Arts 62, 65, **103 – 105**, 110
Musée Guimet d'Histoire Naturelle 79, **106 - 108**
Musée Historique de Lyon 42, **149**
Musée Historique des Tissus 71, 103, **110 - 111**

Napoleon 24, 25, 50, 58, 89, 101
Noir, Michel **29 – 30**, 140
Nouvel, Jean 112

Opéra 65, **111 – 112**, 152
Omme, Philibert de l' 40, 62, 95
Orsi, Pierre 130

Palais de Justice 36, **112-113**
Palais du Commerce 66, **112**

Palais Saint-Jean 48, **113 – 114**
Palais Saint-Pierre 65, **103**, 107
Parc de la Tête d'Or 10, **78**, 82
Part-Dieu 80–81
Paschalis II. (Papst) 86
Passage de l'Argue 68, 70
Passerelle Saint-Georges 43
Pasteur, Louis 52
Perrache, Antoine-Michel 72
Philipp der Schöne 46
Picot, Gérard 72
Place Bellecour 21, 23, **56 – 58,** 66
   69, 71, 76, 146, 150
Place Bellevue 54
Place Carnot 73, 75, 91
Place de la Baleine 38
Place de la Croix-Rousse 54
Place des Jacobins (62NZ)
Place des Minimes 46
Place des Terreaux 22, 23,56
   64 – 65, 100, 103
Place du Maréchal-Lyautey 77
Place Louis-Pradel 65, 68, 123
Place Saint-Jean 34 – 35
Place Sathonay 55
Planchon, Roger 118, 152
Pleney, Jean-Pierre 64
Pont Bonaparte 48
Pont de l'Université 72
Pont Morand 76- 77,81
Pothinus (Heiliger) 16, 94
Pottier, Henri 83
Pradel, Louis 29, 65, 81, 96
   122 – 123, 138
Précy, Louis-François 23
Puvis de Chavannes, Pierre 104

Quai Achille-Lignon 10, 97
Quai de la Pêcherie 63,143

Quai Romain-Rolland 112, 147
Quizi, Bernard 83, 84

Rabelais, François 18, 69, 100, 134
Rameau, Jean-Philippe 114
Ravel, Maurice 83
Récamier, Juliette 80, 82
Résistance 28, 52, 65, **110**
Rhône 6, 54, 72, 76, 78, 79, 81, 99,
   139, 143
Rilke, Rainer Maria 121
Roche, Jean-Baptiste 38
Roucou, Roger 130
Rousseau, Jean-Jacques 59, 156
Roux-Spitz, Michel 71
Rue Auguste-Comte 72
Rue Cléberg 47, 105
Rue de Juiverie 40
Rue de la Charité 71, 102, 110
Rue de la République 65–66
Rue des Remparts d'Ainay 72, 129,
   143
Rue des Trois-Maries 38
Rue du Bœuf 42
Rue du Palais-de-Justice 38
Rue Émile-Zola 58, 129
Rue Longue 20, 63
Rue Mercière 18, 60, **62 – 63**, 131
Rue Président-Édouard-Herriot 67,
   105
Rue Saint-Georges 31, 94
Rue Saint-Jean 35, 38, 39
Rue Tramassac 34
Rue Victor-Hugo 74, 75

Saint-Exupéry, Antoine de 76
   123 – 124
Sala, Pierre 47
Salle Rameau 56, **114**, 152

Sand, George 26, 156
Saône 6, 13, 25, 43, 44, 64, 72, 130, 143
Scève Maurice 121
Schoeler, Andreas von 140
Soufflot, Jacques-Germain 38, 72, 98

Tétu, Bernard 152
Théâtre des Célestins 62, **115**, 152
Théâtre du Huitième 10, i52
Théâtre National Populaire (T.N.R) 10, 118, 152
Théâtres Romains 46, 47, 115, **116 – 117**, 145
Tisseur, Clair 125, 127, 130, 155

Tour Métallique 48
Tournier, Michel 102
Tour Rose 2, 42
Traboules 31, 38, 52, **135 – 138**
Tristan, Flora 53, 80

Université 72

Valdo, Pierre 18, 67, 124
Valfenière, François Royer de la 103
Villeurbanne 80, **117 – 118**, 146, 147, 148
Voltaire 111, 114, 155
Waldenser (Sekte) 18, 124

Zehrfuss, Bernard H. 105

Mai's Reiseführer Verlag

Die Reiseführer mit ausführlicher Landeskunde

Mai's Weltführer

Alaska mit Yukon Territory	Neuseeland
Australien	Nigeria
China	Nordafrika
Ecuador mit	Pakistan
Galápagos-Inseln	Papua-Neuguinea
Gambia	Paraguay
Grönland	Peru
Hawaii	Portugal
Hongkong mit Macao	Sambia
Indien	Südafrika
Indonesien	Südsee
Island	Taiwan
Israel	Thailand
Karibien/Mittelamerika	Uruguay
Kuba	USA
Malaysia/Singapore/Brunei	Zimbabwe
Nepal	

**Weitere Titel
in Vorbereitung**

— Bei Ortsangaben (z.B.
Restaurant mit Straße):
auch arrondissement angeben!

— Stadtteilpläne